Office Snack

better FOOD. better JOB.

Meinem Bruder Kurt
Danke: Lene, Andreas, Tobias

Bildnachweis:
Coverbild: Martin Stickler
Martin Stickler: 6, 9, 24, 25, 26 oben, 28, 30, 32, 34, 35, 36 (o., u.), 40, 41 (u.), 42, 44, 46, 48, 49, 50, 57, 67-95
iStockphoto.com: 8, 13, 14, 15, 16, 17, 18, 19, 20, 21, 26 (2. v. o., 4. v. o.), 27 (2. v. o., 3. v. o., 5. v. o.), 36 (Mi.), 38, 39, 41 (o.), 43 (restl.), 47, 51, 53, 56, 59, 61
Kneipp-Verlag/Peter Barci: 26 (3. v. o, 4. v. o.), 27 (1. v. o.), 43 (3. v. l.),
Volvic: 29, 31
fotolia.de: 37
Tefal: 43 (re., o.)

ISBN 978-3-7088-0511-5

Impressum:

A-1010 Wien, Lobkowitzplatz 1
www.kneippverlag.com

Autor: Reinhard-Karl Üblacker
Lektorat: Mag. Eva Manhardt
Korrektorat: Franz Ebner
Cover und Grafik: Oskar Kubinecz
Druck: Theiss GmbH, A-9431 St. Stefan
Printed in Austria

1. Auflage, April 2011

Reinhard-Karl Üblacker

Office Snack

Der Masterplan für einen gesünderen Job-Alltag

better FOOD. better JOB.

in halt

Office Snack

vor wort

Gesunde und vitale Kost bürofähig gemacht

Wir sind vom Jäger und Sammler zum Schreibtischtäter geworden. Mittlerweile sitzt jeder zweite Angestellte hinter einem Schreibtisch und lässt mehr sein Hirn als seine Muskeln arbeiten. Dass hier der Kalorienverbrauch niedriger liegt als z.B. bei einem Landschaftsgärtner, liegt klar auf der Hand. Trotzdem sollen wir immer leistungsfähiger werden, und dafür wird von Unternehmensseite sehr viel getan. Allerdings wird dabei eines vernachlässigt: Der Energielieferant Nummer eins ist die Ernährung. Dementsprechend hoch ist das Potenzial einer gesunden und nachhaltigen Ernährungsweise. Eine gesunde Ernährung ist und bleibt der größte Leistungsoptimierer. Und ganz nebenbei investiert man so in die eigene Altersvorsorge, um irgendwann mit einem gesunden Körper in den wohlverdienten Ruhestand zu gehen.

Start-up für die geistige Fitness

Die Kantine, das Fertiggericht aus der Mikrowelle, der automatische Gang zum Fastfood-Restaurant – all das liegt schwer im Magen und gibt sicher keinen Extra-Energie-Kick. Ich möchte Ihnen zeigen, wie Sie mit geringstem Aufwand auch im Business-Alltag eine vitale und gesunde Lebensweise realisieren können. Denn eine bewusste, gesunde Ernährung hilft, die hohen Anforderungen des modernen Berufslebens an Körper und Geist besser zu erfüllen. Und hält gesund, denn inzwischen belegen Studien, dass Arbeiter und Angestellte, die in ihre Gesundheit investieren, seltener erkranken. Kein Wunder, denn nährstoffarmes, schlechtes Essen schwächt die Abwehrkräfte und macht schlechte Stimmung, die wiederum das – oft schon gestresste – Immunsystem beeinflusst.

Essen macht Laune

Hektik und Zeitmangel als Ausreden für ungesunde Ernährung im Beruf haben von jetzt an ausgedient. Lernen Sie, wie Sie leckere und gesunde Gerichte direkt am Arbeitsplatz schnell und einfach zubereiten können – übrigens sogar ohne Küche. Wer sich selbst schmackhaftes, gesundes Essen gönnt, verbessert deutlich das Betriebsklima und die Leistungsfähigkeit.

Werden Sie Ihre eigene Food-Managerin oder Ihr eigener Food-Manager.

Im ersten Teil des Buches werden Verhaltensmuster aufgedeckt und durch neue Ernährungsstrategien ersetzt. Einfache Tipps und Tricks zeigen Ihnen, wie leicht es ist, auch im Büro für eine gesunde und leistungsfördernde Ernährung zu sorgen.

Der zweite Teil ebnet den Weg für persönliche Zielstrategien im Sinne einer besseren Ernährung – auch hier stehen der konkrete Praxisbezug und eine einfache Umsetzung an oberster Stelle.

Ich wünsche Ihnen viel Erfolg.

Food-Consultant
Reinhard-Karl Üblacker

vital-tuning on the job

Werden Sie Ihr eigener Food-Manager

Viele Faktoren tragen zu dem gängigen Vorurteil bei, dass gesunde Ernährung im Alltag schwierig zu integrieren sei. Tatsächlich gehen zahlreiche Menschen davon aus, dass gesund essen mit viel Arbeit verbunden ist. Das Überdenken der eigenen Essgewohnheiten kann helfen, diese zu optimieren und für mehr Body- und Mind-Fitness im Alltag zu sorgen. Packen Sie die Gelegenheit beim Schopf und werden Sie Ihr eigener Food-Manager bzw. Ihre eigene Food-Managerin!

Im ersten Schritt ist es sicherlich hilfreich, wenn Sie sich die nachfolgenden Gedanken durchlesen, die meine Seminarteilnehmer in Sachen gesunder Ernährung geäußert haben:

- Große Unsicherheit durch die Medien
- Mangelndes Wissen über bewusste Ernährung
- Feste Gewohnheiten verhindern, Neues ins Leben zu integrieren
- Keine gute Organisation des Food-Managements
- Faktor Zeit – Stress in Beruf und Freizeit
- Das Durchhaltevermögen ist zu schwach
- Manipulation durch verführerisches Angebot an Convenience-Food
- Hohe Preise von Bioprodukten
- Einfluss der Gesellschaft
- Mangelndes Gesundheitsbewusstsein
- Bequemlichkeit – Essen muss schnell gehen und wenig Arbeit machen
- Kein Interesse, die Gewohnheiten zu ändern

Na, finden Sie sich in dem einen oder anderen Punkt wieder, vielleicht sogar in mehreren? Kein Grund, sich zu schämen! Glauben Sie mir – der Kollegin oder dem Kollegen nebenan geht es ganz genauso.

Das Wichtigste ist, eine praktikable Lösung zu finden, mit der Sie nährstoffreiche Snacks und Mahlzeiten auf Ihren Schreibtisch bringen – mit möglichst hochwertigen Zutaten, aber wenig Aufwand – Brainfood für den Körper eben! So gerüstet, bewältigen Sie auch die kompliziertesten Aufgaben mit Bravour!

Mein Tipp:
Erstellen Sie eine „Pluspunkteliste" für gesunde Ernährung, die Sie immer bei sich tragen und lesen, wann immer Sie Zeit haben. Freuen Sie sich schon jetzt auf all die Vorteile! Je mehr Punkte Sie aufgelistet haben und je häufiger Sie die Liste lesen, desto schneller und leichter werden Sie an Ihr Ziel gelangen.

vital-tuning on the job

Alte Muster und neue Aussichten

Kennen Sie das auch? Manchmal möchten Sie etwas tun, aber irgendwie klappt und klappt es nicht. Fragen Sie sich da nicht auch: „Warum kann ich nicht, wenn ich es doch gerne möchte?" Etwas hält Sie zurück! Diese innere Zurückhaltung hat wahrscheinlich sehr viel mit Ihrer Vergangenheit zu tun. Nennen wir es „Muster", Verhaltensmuster und Ernährungsverhalten. Die folgenden sechs Erläuterungen werden Ihnen Klarheit bringen, warum Sie oft nicht so können, wie Sie wollen. Damit hängt Ihr Ernährungsverhalten sehr stark zusammen.

Familienmuster

Verhaltensmuster von Eltern oder Großeltern: Sie werden von der nachfolgenden Generation meist teilweise übernommen, die Konstitutionstypen sind jedoch nicht mehr übereinstimmend. D.h. die Arbeitssituation vor 40 oder 50 Jahren war konträr zum heutigen Berufsleben. Damals standen meistens handwerkliche bzw. körperliche Tätigkeiten wie Landwirtschaft usw. im Vordergrund. Was damals manuell gemacht wurde, wird heute zum Teil von Computern oder Maschinen übernommen, und die Arbeit muss daher meist im Sitzen verrichtet werden. Es ist keine so hohe körperliche Anstrengung mehr notwendig, was eigentlich auch eine andere Ernährungsform als damals zur Folge hätte.

Wertminderung

Manchmal lassen der Bezug zur Ernährung und der Umgang mit Nahrungsmitteln zu wünschen übrig. Viele wissen oft gar nicht, warum man überhaupt Nahrung zu sich nimmt. Wenn ich diese Frage in meinen Seminaren stelle, kommt es meist zu einem nicht zufriedenstellenden Ergebnis. Hauptsache, der Körper läuft. Wenn ich Hunger habe, esse ich, um den Magen zu beruhigen. Warum? – Darüber macht man sich wenig Gedanken. Eine ausgewogene Ernährung ist Steuerelement vieler Stoffwechselfunktionen im Körper. Stimmt das Ernährungsmanagement, fühlen Sie sich fit, leistungsfähig und haben gute Laune. Das Immunsystem wird gestärkt, der Körper in seinen Muskeln und Knochen aufgebaut, Wärme erzeugt und Energie für Ihren täglichen Alltag freigegeben. Wäre das in den Köpfen von uns allen fest verankert, hätte die gesunde Ernährung garantiert einen höheren Stellenwert.

Überlastung

Man nimmt sich keine Zeit zum Essen. Pausenzeiten werden elendslang hinausgeschoben, um noch wichtige Aufgaben fertigzubringen. Hat man es endlich geschafft, versucht man so schnell wie möglich sein Sandwich oder das Kantinenessen in den Magen zu befördern. Resultat: „Verschlingertyp". Dieses Verhaltensmuster lässt sich sehr oft auf die Kindheit zurückführen. „Wenn du aufgegessen hast, darfst du mit deinen Freunden spielen", hörten viele Kinder von ihren Müttern. Grund genug, um das Essen hastig in sich hineinzuschaufeln. Noch schlimmer: Vor lauter Stress mittags gar nicht zu essen, um dann am Abend die Nahrungsaufnahme vom ganzen Tag nachzuholen. Keine guten Aussichten für die Bauchspeicheldrüse, die anhand solcher Ausgangssituationen Schwerstarbeit zu leisten hat – die Blutzucker- bzw. Insulinschaukel wird instabil!

Energieverschwendung

Wir haben verlernt, richtig zu kauen! Das Sprichwort „Gut gekaut ist halb verdaut" hat mit Sicherheit seine Berechtigung. Denn wer seine Nahrung nicht ordentlich zu einem Brei zerkleinert, gibt seinem Verdauungstrakt Schwerstarbeit weiter. Nicht nur das: Leistungsenergie geht zu einem hohen Prozentsatz verloren, da die Energie im Verdauungstrakt liegt. Um das Essen optimal aufschlüsseln und optimal ins Blut aufnehmen zu können, muss die Nahrung vorher zu einem Speisebrei gekaut werden. Nur dann ist gewährleistet, dass keine großartige Energieumleitung vom Gehirn in den Magen-Darm-Trakt passiert und die Leistungsfähigkeit erhalten bleibt.

Überernährung

Durch die verschiedenen stressbedingten Situationen sowie das Verschlingen der Mahlzeiten wird sehr oft gar kein Sättigungsgefühl mehr bewusst wahrgenommen. Das heißt, wir essen viel mehr, als unser Körper eigentlich verlangt. Es kommt zu einem Nahrungsüberschuss. Das Zuviel an Nahrung wird in Form von Fett in den entsprechenden Fettdepots abgespeichert. Das heißt in vielen Fällen dann auch noch: Übergewicht.

Mangelnde Bewegung

Verhaltensregeln in Kindergarten und Schule, wo man gewisse Stunden ruhig sitzen muss, haben unser Leben sehr geprägt. Diese gewohnten Einschränkungen hindern uns sehr oft daran, den inneren Schweinehund zu besiegen und uns mehr zu bewegen. Wenn nicht heute, wann denn dann? Die mangelnde Bewegung ist mitunter ein sehr wichtiger Grund, warum unsere Leistung – nicht nur am Arbeitsplatz – gemindert wird.

Change your life – Brainstorming

Brechen Sie aus diesen Verhaltensmustern aus. Schreiben Sie Faktoren auf, die Sie daran hindern, Ihr neues Ernährungsverhalten umzusetzen. Halten Sie sich diese Ausreden kurz vor Augen.

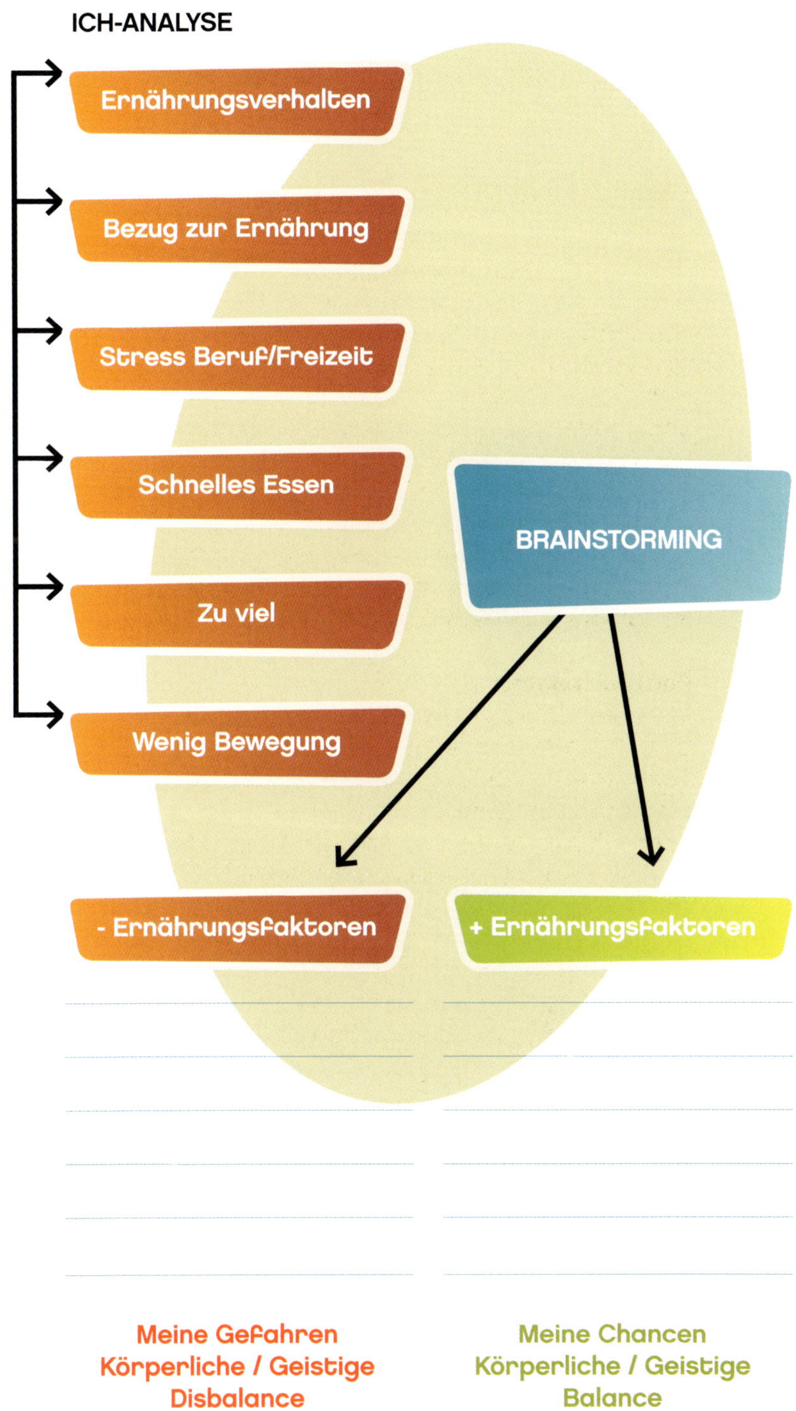

vital-tuning on the job

Die ASAP-Strategie

Asap – das kennen viele aus dem modernen E-Mail-Verkehr: as soon as possible. Machen Sie das Thema Ernährung am Arbeitsplatz zu einem Projekt, so bald wie möglich.

Schweinebraten, Döner, Schokoladenmus, ... und fast immer auch zu viel süße Getränke oder auch Alkohol – während der Arbeitsstunden und bei Geschäftsfeiern macht sich kaum jemand Gedanken um gesunde Ernährung. Wer kennt sie nicht, die guten Vorsätze, die beinahe täglich aufs Neue beschlossen werden und schließlich im Verlauf der Arbeitswoche in Vergessenheit geraten?

Mit der richtigen Strategie zum Leader.

ASAP. Anschaulich.

Konkret! „Ich möchte weniger Kaffee trinken" – so äußern viele Menschen ihren Wunsch nach Veränderung. So werden Sie aber an Ihrem Vorsatz scheitern. Warum? Das Ziel ist nicht konkret genug formuliert!

Stellen Sie sich vor, Sie gehen auf Geschäftsreise und ordern ein Taxi: „Ich hätte gerne ein Taxi zum Flughafen." Wie soll das Taxiunternehmen Ihren Auftrag ordnungsgemäß durchführen? Wann soll das Taxi kommen? Welcher Wagen, vielleicht ein Großraumwagen? Wohin soll es kommen? Ganz sicher: Die Information, nur ein Taxi zu bestellen, ist nicht ausreichend, um einen zufriedenen Service durchführen zu können. Sagen Sie ganz konkret: „Um 09.00 Uhr ein Taxi zum Haupteingang für eine Person zum Flughafen. Dann werden Sie ganz bestimmt bekommen, was Sie wünschen.

ASAP. Schrittweise.

Realistisch! Drei Tassen Kaffee weniger in zwei Tagen, nie mehr Kuchen von der Kollegin essen, jeden Tag mit dem Fahrrad zur Arbeit radeln – eines haben diese Vorsätze gemeinsam: Sie sind unrealistisch und damit zum Scheitern verurteilt.

Damit das nicht passiert, setzen Sie sich Ziele, an denen Sie gar nicht scheitern können. So geht's: „Halbieren" oder „vierteln" Sie das ursprüngliche Ziel. Statt „Ich trinke drei Tassen Kaffee weniger in zwei Tagen" nehmen Sie sich vor: „Ich werde meinen Kaffeekonsum jede Woche um eine Tasse reduzieren." Dieses Ziel können Sie leicht erreichen. Und dann, aber auch wirklich erst dann, steigern Sie sich und gehen zum nächsten Thema!

ASAP. Aufgezeichnet.

Handschriftlich! Bringen Sie Ihr Ziel, das Sie erreichen möchten, sofort zu Papier. Alleine diese Handlung trägt zum Gelingen bei. Wer etwas notiert, verleiht dieser Sache Gewicht. Das Ziel ist nicht mehr nur ein „Spruch", sondern ein konkretes Vorhaben. Verbote schließen Sie dabei aus! Sobald Sie sich etwas komplett verbieten, werden sich Ihre Gedanken fortan nur noch um dieses eine Verbot drehen. Finden Sie auch hier ein realistisches Ziel und gehen Sie schrittweise wie beschrieben vor.

ASAP. Prämieren.

Belohnung! Auch wenn sich das für Sie vielleicht nicht so anfühlt: Gewohnheiten zu verändern, ist Schwerstarbeit – für Körper und Psyche. Belohnen Sie sich nicht erst, wenn Sie Ihr Ziel komplett erreicht haben – jede Station, jeder Teilerfolg ist es wert, belohnt zu werden. Achten Sie darauf, dass Ihre Belohnungen nicht Ihrem Ziel zuwiderlaufen. Eine Ernährungsumstellung sollte man nicht unbedingt mit einer Tafel Schokolade belohnen. Loben Sie sich lieber laut und klopfen Sie sich selbst auf die Schulter.

Ziele schriftlich festhalten:
- bringt Klarheit
- entlastet das Denken (man vergisst nicht so leicht)
- schafft Ordnung und Übersicht
- erhöht die geistige Kapazität
- erleichtert Korrekturen und Überprüfbarkeit

Buchführung:
Folgende Checkliste hilft Ihnen, die ASAP-Strategie sofort umzusetzen.

Mein Ziel lautet:
Nennen Sie bitte nur 1 Hauptziel!

Beschreibung
Umschreiben Sie Ihr Ziel so, als wäre es schon erreicht. Bringen Sie Emotionen ein!

Teilziele
Nennen Sie viele kleine Schritte, die für Sie kontrollierbar sind!

vital-tuning on the job

Werden Sie aktiv!

Die High-Performer-DIÄT mit garantiert positiver Bilanz

D
DEFINIEREN
- Ernährungsverhalten
- Schwachstellen
- IST-Zustand

I
INTEGRIEREN
- Gezielte Bewusstseinsbildung
- Hilfreiche To-Do's
- Masterplan für gesunde Ernährung on the job

Ä
ÄNDERN
- Food-Management sensibilisieren
- Neue Strategien entwickeln
- Neue Taktiken einsetzen

T
TUN
- Tägliches Praktizieren bei einfacher Integration in Ihren Job-Alltag
- Abteilungsübergreifende Maßnahmen bilden

die business-typologie

Der Chaot (die Chaotin)

Ein absoluter Experte auf seinem Arbeitsgebiet, ist der Chaot mit der Organisation seines Alltags und dem „normalen Leben" ziemlich überfordert. Telefon oder Drucker bedienen? Ein echtes Rätsel. Sein Rezept: Unterstützung durch hilfsbereite Kollegen und Kolleginnen, die ihm verständnisvoll unter die Arme greifen – vom Kaffeekochen bis zum Einkaufen, wenn er mal wieder seinen Schokoriegel vergessen hat.

Frühstück:
Fällt meistens aus, weil er nichts im Haus hat oder mal wieder zu spät dran ist.

Mittagessen:
Irgendein Convenience-Produkt, das ihm die Sekretärin in der Mikrowelle aufwärmt. Und das er dann wieder stehen lässt, weil irgendein dringliches Problem sein Fachwissen verlangt.

Abendessen:
Heißhunger! Jetzt stopft der Chaot wahllos alles in sich hinein, was ihm in die Finger kommt. Gesunde Ernährung? Hilfe!

TYP:
konservativ, konstant, mitlaufend

WORK:
teamorientiert, geführt, pessimistisch

ERNÄHRUNG:
gleichgültig, eigenverantwortlich, praktisch

FAZIT:
Lust-und-Laune-Esser, Hauptsache, genug und es schmeckt zwischendurch. Zusatzstoffe kennt er nicht. Vorzugsweise kocht er selbst Fertigprodukte und Dosengerichte. Die Mikrowelle ist sein liebstes Küchengerät.

Die Macherin (der Macher)

Geht mit viel Power an jeden Job heran und versucht, durch gesunde Ernährung die Energie aufrechtzuerhalten, um in kein Konzentrationsloch zu fallen. Ernährung bedeutet für sie eine wichtige Basis für eine gute Arbeit. Sie redet nicht nur davon, sie setzt es in die Tat um. Ihr Motto: „Do it yourself" – auch wenn es um Brotbacken oder Joghurtherstellen geht. Neben ihrer täglichen beruflichen Herausforderung bringt die Macherin klug und gekonnt vitalstoffreiches Essen auf den Schreibtisch, was manchmal die Kollegen und Kolleginnen zum Schmunzeln bringt.

Kantine kennt sie nicht! Ernährung ist ihr guter Vorsatz, und das setzt sie auch nach ihrem besten Wissen und Gewissen um. Etiketten lesen und einkaufen im Bioladen sind tägliches Brot. Der „grüne Daumen" im Unternehmen. Vorbildfunktion für das gesamte Team, wenn es um Vitalität und Gesunderhaltung geht.

Frühstück:
Es gibt keinen Tag ohne Frühstück. Ein leerer Magen bedeutet für sie leere Energiespeicher. Ein ausgewogenes Frühstück ist ein Must-have!

Mittagessen:
Sehr oft bringt sie ihre Mittagsmahlzeit mit ins Büro. Sie möchte wissen, was auf dem Teller liegt. Wenn es mal schnell gehen muss, dann überlegt und mit hohem Salat- oder Gemüseanteil.

Abendessen:
Zeit für Gesundes: ein schöner Salat, Fleisch oder Fisch. Zum Abschluss des Tages darf es auch mal ein kleines Stück Süßes als Belohnung sein

TYP:
konstant, antreibend, modern

WORK:
optimistisch, vorausschauend, führend

ERNÄHRUNG:
bewusst, eigenverantwortlich, praktisch

FAZIT:
Sie ist Ernährungsratgeberin im Unternehmen und gilt unter den Kollegen und Kolleginnen als Gesundheitsapostel. Die Zufuhr von Nährstoffen ist ihr wichtig und sie ist sehr konsequent dabei. Essen, um gesund zu bleiben, so ihre Devise.

die business-typologie

Der Sprunghafte (die Sprunghafte)

Hohe Infektionsbereitschaft: Jedes interessante Projekt, jede neue Aufgabe stellen für den Sprunghaften eine Challenge dar. Klar, dass er gerne mit vielen Leuten mit ähnlichem Spirit arbeitet – Teamwork bringt Impulse, erhöht den Spaßfaktor. Mit seiner spontanen Begeisterung, die sich mit einer großen Portion Optimismus paart, erzeugt er ein hohes Drehmoment. Regeln jeder Art sieht er als Bremse, die seiner Entfaltung entgegenstehen. Was sich auch deutlich bei der Ernährung bemerkbar macht.

Frühstück:
Heute dies, morgen das. Der Sprunghafte lässt sich dabei ganz von Lust und Laune lenken. Vollkornmüsli und englisches Frühstück, beides ist möglich.

Mittagessen:
Prima Möglichkeit, spontan Neues auszuprobieren. Ein Gourmet-Tempel kommt ihm dabei ebenso gelegen wie die jüngste Filiale einer Fastfood-Kette.

Abendessen:
Die kulinarische Verführung erreicht ihren täglichen Höhepunkt. Ausgesuchte Lebensmittel und ein Varieté von Feinkostprodukten stehen zur Auswahl. Man langt dann noch mal richtig zu, auch gern mehr als nötig.

TYP:
modern, wechselhaft, antreibend

WORK:
führend, vorausschauend, teamorientiert

ERNÄHRUNG:
gleichgültig, wechselhaft, convenienceorientiert

FAZIT:
Er ist der labilste unter allen Business-Typen und hat keine festgelegte Ernährungsweise. Er probiert gerne etwas aus, auch wenn es ungesund ist. Er ist kompromisslos: heute Fastfood, morgen Vollwertküche – egal, Hauptsache, es schmeckt.

Die Stresserin (der Stresser)

Sie braucht keine Sekunde, um auf Touren zu kommen; sie steigt volltourig in den Tag ein, jedoch immer drei Minuten zu spät. Pausen? Gibt es nicht! Doch, Arbeitsessen! Immer auf dem Sprung: im Büro von einem Meeting zum nächsten oder im Außendienst ständig unterwegs. Nichts geht ohne sie. Typische Aussagen sind: „Ich habe keine Zeit" oder „Ich bin im Stress." Als Hansdampf in allen Gassen ist sie überall dabei und ständig unter Strom. Hohes Arbeitstempo ist selbstverständlich, keine optimale Ernährung leider auch.

Frühstück:
Wie soll das gehen, wenn sie schon mitten im Job ist? Daher hat sie auf dem Weg zur Arbeit einen Bäcker aufgesucht, um sich auf die Schnelle im Auto ein Brötchen einzuverleiben, ehe sie die Kaffeemaschine im Office dann gerne aufsucht.

Mittagessen:
Fällt immer wieder aus oder es fällt der Stresserin ein, kurzfristig Pizza oder Nasi Goreng zu ordern, während der Kaiserschmarren in der Kantine auch lockt. Wenn unterwegs, dann Halt bei irgendeinem Imbiss oder in einem Landgasthof. Merkt gar nicht, was sie isst, weil sie in Gedanken schon wieder beim nächsten Termin ist.

Abendessen:
Viel zu spät und viel zu üppig. Damit belohnt sich die Stresserin. Allerdings nicht sehr ausgewogen. Vielmehr geht sie wie im Job vor und kommt auf ein hohes Pensum, natürlich in Kalorien gemessen.

TYP:
motiviert, wechselhaft, modern

WORK:
einzelkämpferisch, Multitasking-fähig, zukunftsorientiert

ERNÄHRUNG:
gleichgültig, praktisch, convenienceorientiert

FAZIT:
Schnellentscheiderin. Ernährung ist für sie eher zweitrangig. Die Aufmachung und Produktvermarktung steht vor der Qualität des Inhalts. Wenn Hunger, dann ein schnelles Essen, egal in welcher Zusammenstellung und woher.

die business-typologie

Der Tüftler (die Tüftlerin)

Er arbeitet in kleinen Teams. Sein heimliches Motto: "My head is my castle." Als ruhiger Vertreter von „Work first" kommt er jeden Tag nicht „in time", sondern eine halbe Stunde vor offiziellem Arbeitsbeginn. Bis er sein Office verlässt, konzentriert er sich darauf, alles perfekt zu machen, kein Detail zu übersehen. Anregungen nimmt er gerne auf, sie sind weitere Optionen, sich ganz in eine Sache hineinzudenken. Worunter leider seine Ernährung während der Arbeitswoche zu leiden hat.

Frühstück:
Er hat im Elternhaus gelernt, nie mit leerem Magen aus dem Haus zu gehen. Frühstück traditionell: helle Brötchen, Marmelade, Fruchtjoghurt und Kaffee.

Mittagessen:
Die perfekte Gelegenheit, sich mit einem Kollegen auszutauschen. Das Essen, ob in der Kantine oder im Restaurant, ist zweitrangig. Was er verspeist, kann daher gesund, aber auch ungesund sein.

Abendessen:
Vielleicht ist es das noch nicht gelöste Problem, vielleicht auch der spannende Fachartikel, jedenfalls bleibt meistens auch zum Tagesende das Essen auf der Strecke. Eine Portion von irgendetwas auf der Couch reicht dem Tüftler.

TYP:
wechselhaft, phantasievoll, mitlaufend

WORK:
teamorientiert, rückblickend, geführt

ERNÄHRUNG:
convenienceorientiert, gleichgültig, praktisch

FAZIT:
Orientiert sich gerne nach neuesten Ernährungstrends aus Zeitschriften. Holt sich praktische Tipps beim Besuch von Kochkursen, scheitert dann aber wieder an der persönlichen Umsetzung im Job-Alltag. Am Wochenende nimmt er selbst den Kochlöffel zur Hand und verbringt den Vormittag in der Küche mit der Zubereitung von aufwendigen Rezepten aus Kochbüchern.

50
55
0
5
10

essen im büro
9 basics für schn

better
FOOD.
better
JOB.

eibtischtäter

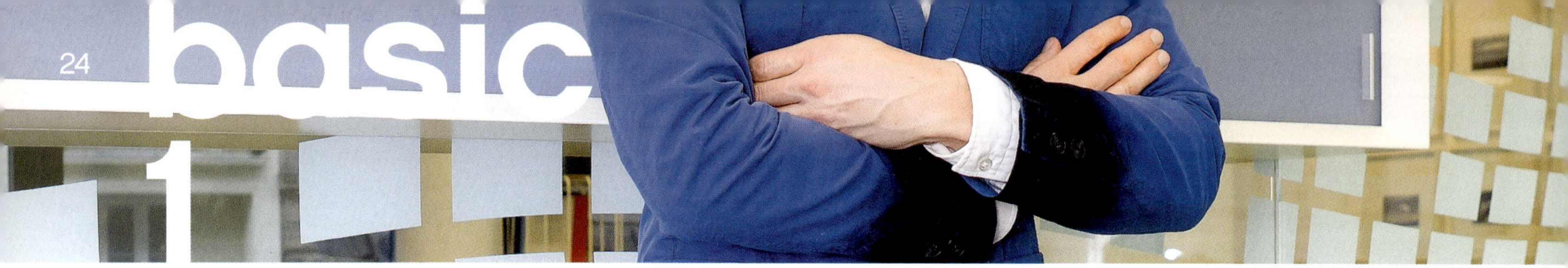

Der Kick-off in den Tag

Frühmorgens spricht man nur von einem „Stück“ und nicht von einer Mahlzeit. Wenn es sich dabei um ein starkes Stück handelt, dann unterstützt es Sie optimal beim Hochfahren Ihres Körperprozessors. Wir kennen unzählige Gattungen von „Frühstückern“: Da sind einmal die, die morgens sowieso keinen Bissen runterbringen, sondern bloß schnell im Stehen ein paar Schluck Kaffee runterschlürfen. Dann gibt's die Zeitungsleser, die zwischen den Politik- und Sportnachrichten gar nicht merken, was sie zu sich nehmen. Und natürlich gibt es die Ewighungrigen und Genussesser, die schon am Morgen ordentliche und auch deftige Mengen verdrücken – und das mit gutem Gewissen, schließlich weiß man ja: Ein guter Tag beginnt mit einem guten Frühstück! Diese Ansicht ist im Grunde absolut richtig – bloß auf Inhalt und Ausführung des „guten Frühstücks“ kommt es an. Und da liegen alle vorab erwähnten Morgenesser völlig daneben!

Energie-Upload

Das Wichtigste ist, morgens überhaupt etwas zu essen. Gehen Sie nie mit leerem Magen zur Arbeit! Denn nach ca. acht Stunden „Fasten-Schlaf“ sind der Blutzuckerspiegel abgestürzt und die Batterien auf Offload. Ihrem Gehirn stehen dann keine schnell umsetzbaren Energieressourcen zur Verfügung – mit negativen Auswirkungen für logisches Denken und Konzentration. Viel essen ist genauso falsch wie nichts essen – die goldene Mitte ist der Schlüssel dazu, dass Ihr Tag ein guter wird. Deshalb halbieren Sie und investieren Sie etwas Zeit in ein erstes Frühstück zu Hause und in einen Frühstückssnack (Swift Start) an Ihrem Arbeitsplatz, um Ihre körperliche Hardware und Ihre geistige Software gekonnt hochzufahren.

Neues Update für Ihre Speicherkarte

Nur ein kleines Beispiel, um „falsch“ und „richtig“ zu demonstrieren: Zu viel Zucker und Weißmehl zum Frühstück verursachen bereits den ersten Error am frühen Vormittag – „Marmeladetief“ nennen es die Experten. Hochwertige Eiweiße und Mehrfachzucker dagegen, wie sie im vollen Korn (besonders im Hafer) und in Milch und Joghurt enthalten sind, sorgen sofort für erhöhte Konzentrationsfähigkeit und halten lange an. Darüber ist nicht zu diskutieren: Ohne aufgefüllte Energiedepots sind die Anforderungen des Tages nur schwer oder gar nicht zu schaffen – egal, ob es sich um konzentrierte oder vorwiegend körperliche Arbeit handelt. Nerven und Muskeln verlangen nach einem Frühstück, das nicht bloß aus einer Tasse Kaffee und auch nicht nur aus einem Marmeladebrot besteht: Ein hochwertiges Frühstück garantiert den Quick Win für den Arbeitsalltag. Durch den bewussten Einsatz der richtigen Nahrungsmittel nimmt die Leistungskurve ihren Aufschwung.

Sechs Argumente, um künftig gut zu frühstücken und um der alten Version der Frühstücksgewohnheiten ein neues Update zu verschaffen:

Argument 1: mehr Energie! Durch kohlenhydratreiche Kost aus vollem Korn, die ihr Energiepotenzial nur langsam abgibt, hebt sich der Blutzuckerspiegel – die Gehirnzellen laufen zur Höchstform auf.

Argument 2: bessere Konzentration! Wer müde ist, ist auch unkonzentriert. Wer aber gut frühstückt, wird fit und „füttert" auch sein Gehirn – Kreativität und Gedächtnis werden angekurbelt.

Argument 3: weniger Stress! Dieses Gefühl der Zufriedenheit ist klarerweise auch die Firewall gegen anfallenden Stress – satte Menschen sind weniger gereizt!

Argument 4: gut fürs Gewicht! Der Stoffwechsel des Menschen ist zwischen sechs und neun Uhr morgens am aktivsten – die Kalorien schlagen also kaum an. Und wenn Sie keinen Hunger haben? Starten Sie einige Tage mit frischem Obst auf nüchternen Magen, dann kommt der Appetit garantiert.

Argument 5: weniger Hunger! Die langsame Freisetzung der Kohlenhydrate verursacht ein anhaltendes Gefühl der Sättigung und Zufriedenheit – die Heißhungerattacken bleiben aus.

Argument 6: mehr Abwehrkraft! Wer seinem Körper schon morgens wichtige Vitamine, Mineralstoffe, Kohlenhydrate, Fett, Eiweiß und Flüssigkeit zuführt, tut alles, um seine Abwehrkräfte zu stärken.

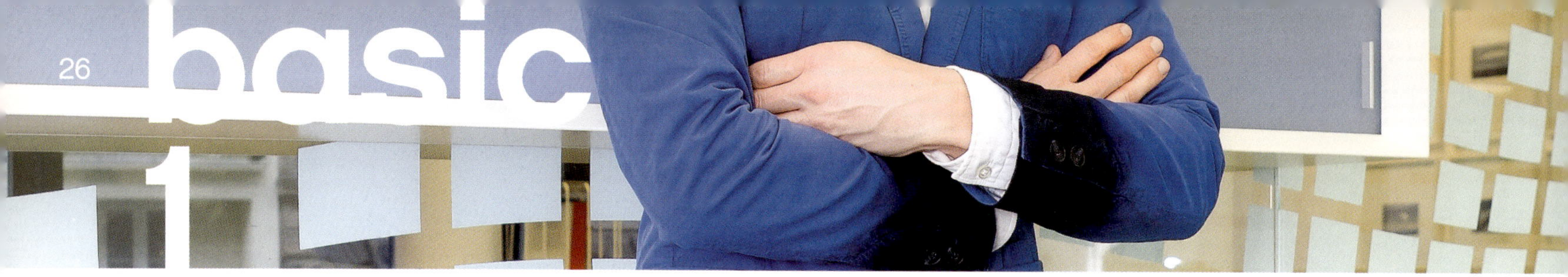

Mit dem Download dieser neun Applikationen (Apps) auf Ihren Frühstückstisch stellen Sie Ihre Systemsteuerung auf Vital-Food um. Somit können die Netzwerkverbindungen sowohl im Gehirn als auch im Körper reibungslos ablaufen.

Eier-App – Denkleistung anregen
Eier enthalten Aminosäuren und regen die Denkleistung an. Der Gehalt an Lecithin unterstützt beim Lernen und beim Abrufen von Informationen. Ob gekocht, gebraten oder als Omelette, aber keinesfalls mit Speck!

Milch-Joghurt-App – Aufmerksamkeit steigern
Halbfett-Milch und fettreduzierter Naturjoghurt sind die beste Basis, um die Müslimixtur essfertig abzumischen. Besonders Joghurt enthält Aminosäuren, die helfen, die Aufmerksamkeit zu steigern.

Schinken-Käse-App – Merkfähigkeit verbessern
Wenn schon, dann fettarm und mager. Diese Eiweißlieferanten halten lange satt und liefern Bausteine für wichtige Nervenbotenstoffe. Käse ist reich an Kalzium und verbessert die Merkfähigkeit.

Zerealien-App – geistige Leistungsfähigkeit begünstigen
Die richtige Mischung macht's: am besten mit hohem Anteil an Nüssen und Trockenobst, auf Vollkornbasis, ohne Zuckerzusatz. Pops, Flakes & Co. sind out! Setzen Sie auf Haferflocken, sie beeinflussen die geistige Leistungsfähigkeit günstig und lassen Sie entspannter auf Stressreize reagieren.

Vollkornbrot-App – Konzentration erhöhen
Vergessen Sie Weißmehlgebäck! Vollkornbrot sorgt lange Zeit für gleichmäßigen Zuckernachschub – und bremst den Leistungsabfall. Durch die komplexen Kohlenhydrate steigern Sie Aufmerksamkeit und Konzentration.

Fisch-App – Lernfähigkeit unterstützen
Der Konsum von Omega-3-Fettsäuren, wie sie in Lachs, Hering oder Forelle vorkommen, unterstützt die Lern- und Erinnerungsfähigkeit. Omega-3-Fettsäuren sind Basisbestandteil unseres Gehirns und laut modernster Studien verstärken sie die Kommunikation zwischen den Gehirnzellen.

Kaffee-Tee-App – Wachheit regeln
Wer Kaffee oder Tee zum „Munterwerden" braucht, sollte die Heißgetränke auch (in Maßen) trinken. Beim Frühstück gilt: Feste Nahrungsmittel haben Vorrang.

Früchte-App – Lernleistung beeinflussen
Für die Morgenverdauung zwar optimal, allerdings stellt sich schnell wieder Hunger ein. Als Ergänzung zu den Zerealien optimal. Empfehlenswert sind Bananen – sie versorgen Ihre Denkzentrale mit wichtigem Magnesium.

Gemüse-App – Download und Kreativität fördern
Gemüse ist ebenfalls ein gerngesehener Frühstücksgast. Paprika, Tomaten und Gurken eignen sich hervorragend zum Frühstück und sind die ideale Vitamin-Ergänzung für einen gesunden Kick-off in den Tag.

MF 100/2
Mind-Fitness – zu 100 %
in zwei Varianten
Das minimalistische Frühstück, falls sonst nichts geht

Frisches Obst
(z.B. ¼ Banane)
3 EL Haferflocken
3 Walnüsse
125 ml Sojamilch
3 EL fettarmer Joghurt
1 EL Rapsöl
1 EL Hefeflocken
2 getrocknete Datteln

Variante 1:
Alle Zutaten in ein Mixglas geben und zu einem dickflüssigen Drink mixen. Bei Bedarf Sojamilch nachgießen.

Variante 2:
Alle Zutaten in einer kleinen Schüssel verrühren.

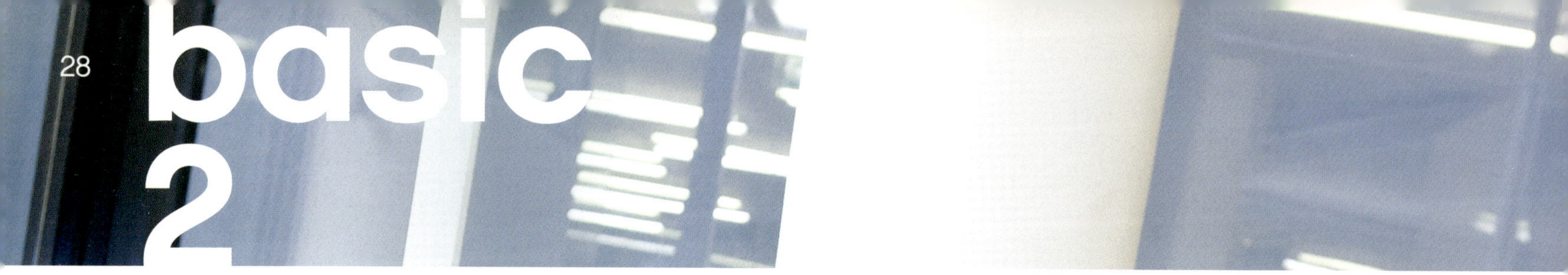

Flüssiges Leistungstuning

Wasser ist unser wichtigstes Lebensmittel. Wenn der Wasserpegel im Körper stimmt, dann fließen auch unsere kreativen Gedanken wie von alleine. Der menschliche Körper besteht zu 75 % aus Wasser, das Gehirn sogar zu 85 bis 90 %. Um leistungsfähig und fit zu sein, benötigt der Körper ein ausgewogenes Trinkmanagement – und das zurecht besonders am Arbeitsplatz.

Nicht nur körperliche Beanspruchung, die einen zum Schwitzen bringt, braucht Wasser. Auch Hirnakrobaten müssen entsprechend viel trinken, um den Wasserhaushalt im Körper aufrechtzuerhalten – und das nicht nur bei heißen Temperaturen. Ohne ausreichend Flüssigkeit würde unser Blutkreislauf ins Stocken geraten, die Nährstoffe könnten nicht befördert werden, unsere Zellen würden allmählich austrocknen. Wasser bedeutet Leben und Treibstoff für Millionen von Zellen. Lebenswichtige Nährstoffe wie Vitamine, Mineralstoffe, Spurenelemente, Enzyme können nur in gelöster Form von der Zelle aufgenommen werden. Es ist daher lebensnotwendig, den natürlichen Flüssigkeitsverlust mit der entsprechenden Trinkmenge wieder auszugleichen.

Leistung nicht nur aus der Flasche

Der tägliche Flüssigkeitsbedarf sollte mit mindestens 2 bis 2,5 Liter gedeckt werden. Einen großen Anteil davon, ca. einen Liter, nehmen wir schon mit diversen Lebensmitteln auf – sprich Obst, Gemüse, Fisch oder Fleisch enthalten viel Wasser, den Rest müssen wir dazutrinken. Bei heißen Temperaturen und beim Sport sollte die tägliche Trinkmenge entsprechend angepasst werden! Wer dies nicht schafft, wird es bald zu spüren bekommen und merken, dass die Antriebskraft nachlässt und auch die Denkleistung enorm abnimmt.

Trinken Sie nach Möglichkeit Wasser ohne Kohlensäure. Warum? Durch diverse Stoffwechselfunktionen entsteht im Körper Kohlendioxid. Ein Abfallprodukt, das sofort über die Lungen ausgeschieden werden muss. Der Körper ist bestrebt, dieses Gas aus den Zellen schnell wieder loszuwerden. Durch die Zuführung der Kohlensäure von außen kann der Körper überlastet werden, wodurch Ihre Leistungsfähigkeit wiederum beeinträchtigt wird.

Stresskiller Wasser

Trinken, trinken und wieder trinken! Das Gehirn braucht einen Viertelliter Wasser jede Stunde. Vergessen Sie auch unterwegs das Trinken nicht! Eine Flasche Wasser, z.B. stilles Mineralwasser, sollte ab sofort Ihr ständiger Begleiter sein. Kleine Schlucke nehmen, dafür aber öfters, dann müssen Sie nicht so oft die Toilette aufsuchen.

Richtiges Trinkmanagement

Trinken Sie morgens nach der Morgentoilette ein Glas Wasser. Am besten zimmertemperiert, weil Sie dadurch den Reinigungsprozess Ihres Körpers unterstützen. Damit tanken Sie auch erste Energie fürs Gehirn und gleichzeitig gleichen Sie den Flüssigkeitsverlust der Nacht schnellstens wieder aus.

Wenn Sie unterwegs zur Arbeit sind, führen Sie eine Wasserflasche immer mit im Gepäck. Somit brauchen Sie aufs Trinken nicht verzichten und können auch schon während Ihres Anfahrtsweges auf Ihren Wasserpegel Einfluss nehmen.

Wasserflaschen-Barometer

Bestimmen Sie Ihre tägliche Wasser-Phase und befördern Sie sich Glas für Glas zum Wasser-Manager bzw. zur Wasser-Managerin.

0 – ¼ Liter: Start-up-Phase
Um das Risiko „Kopfschmerz" direkt aus dem Weg zu gehen, trinken Sie sich besser gleich in die nächste Phase!

¼ – ½ Liter: Mood-lift-Phase
Damit Sie die gute Laune auch halten können, schenken Sie nach und schlürfen Sie sich einen Level höher!

½ – ¾ Liter: Stress-away-Phase
Durch den steigenden Wasserpegel kommt Ihre innere Ruhe zum Ausdruck. Darauf trinken Sie!

¾ – 1 Liter: Brain-fit-Phase
Ihr Gehirn ist gut gewässert und überschwemmt Sie mit kreativen Denkprozessen. Alles fließt perfekt!

bis 1,5 Liter: High-vital-Phase
Gratulation! So bleiben Sie leistungsfähig und die Arbeit geht Ihnen flüssig von der Hand.

basic 2

Trinken, bevor ein Durstgefühl aufkommt
Warten Sie nicht, denn dann ist es meist schon zu spät und der Körper hat schon an Energie verloren. Integrieren Sie einen gleichmäßigen Trink-Rhythmus, der das Wassertrinken zur Selbstverständlichkeit macht und Sie dadurch immer leistungsfähig hält. Im Job-Alltag trinken Sie regelmäßig, über den Tag verteilt. Jede Stunde in etwa ein Viertelliter, um den Körper und das Gehirn optimal zu versorgen. Somit schaffen Sie eine perfekte Basis für eine ausgewogene Ernährungsstrategie.
Gehen Sie auf Nummer sicher und legen Sie sich einen Mineralwasservorrat, z.B. in Form von stillem Mineralwasser, im Office-Kühlschrank oder direkt an Ihrem Schreibtisch an.
Sitzen Sie am Schreibtisch, dann steht vor Ihnen griffbereit eine Flasche mit Wasser. Am besten 1,5 Liter. Damit haben Sie eine gute Kontrolle darüber, wie es mit Ihrem Tagespensum an Wasser aussieht.
Trick für ein optimiertes Self-Controlling:
Lassen Sie sich von ihrem Mailprogramm, PDA, iPhone oder Handy erinnern, regelmäßig zu trinken.

Ein natürliches Mineralwasser von vulkanischem Ursprung

Das natürliche Mineralwasser Volvic entspringt einem der größten Naturschutzgebiete Europas. In dieser unberührten Vulkanlandschaft sickert jeder Tropfen Volvic durch insgesamt sechs vulkanische Gesteinsschichten. Das Ergebnis: Volvic – ein reines Mineralwasser mit einer spezifischen Mineralisierung. Volvic nimmt das Gute aus der Natur auf und gibt es an Ihren Körper weiter.

Gutes tut gut

Aufgrund seiner vulkanischen Mineralisierung schmeckt Volvic Mineralwasser besonders gut und frisch. Sogar, wenn es ungekühlt ist. Daher lässt sich Volvic angenehm und auch leicht in großen Mengen trinken. Dank seiner sanften Mineralisierung ist das Wasser außerdem gut verträglich. Es eignet sich so für die Zubereitung von Babynahrung oder auch zum Entschlacken. Neben Volvic naturelle gibt es verschiedene Sorten mit Fruchtgeschmack, mit einem Spritzer Fruchtsaft oder mit Auszügen von Tee. Damit bietet Volvic eine kalorienarme Alternative zu süßer Limonade.

Reinheit – Von der Quelle bis in die Flasche

Mit größter Sorgfalt werden die Reinheit und die ursprünglichen Eigenschaften des natürlichen Mineralwassers bewahrt. Der Schutz der Quelle ist dabei nur eine Maßnahme. Auch bei der Produktion gelten höchste Qualitätsansprüche: Volvic wird selbstverständlich völlig naturbelassen und ohne künstliche Zusätze in Flaschen abgefüllt. Dazu wird das Wasser aus 90 Metern Tiefe gewonnen. Das Abfüllen und Verschließen der Flaschen erfolgt in Räumen mit kontrollierter Raumluft und Hygiene. So gelangt das natürliche Mineralwasser – geschützt vor jeglichem äußeren Kontakt – von der Quelle direkt in Ihre Flasche.

Für die Stabilität unserer Umwelt und der Wasserqualität

Neben der Qualität des Wassers wird auch das Ökosystem bestmöglich geschützt. Indem nur 15 % des Wasservolumens der Volvic-Quelle in Flaschen abgefüllt werden, stellt Volvic sicher, dass immer nur soviel Wasser entnommen wird, wie die Quelle auf natürlichem Wege wieder reproduzieren kann. Zudem arbeitet Volvic ständig an der Verbesserung seiner Ökobilanz. So entwickelt Volvic zum Beispiel die erste Flasche aus Öko-PET für den deutschen Markt. Diese besteht zu 20 % aus PET aus nachwachsenden Rohstoffen und zu 25 % aus recyceltem PET. Außerdem verlagert Volvic einen Großteil seines Transports von der Straße auf die Schiene. So kann Volvic seinen CO_2-Fußabdruck durch zahlreiche innovative Projekte bis Ende 2011 um 40 % pro Liter gegenüber 2008 reduzieren.

Teambildende Maßnahmen in der Ernährung

Effizienz geht durch den Magen. Im Business sind abteilungsübergreifende Maßnahmen selbstverständlich, damit durch gezielte Teambildungen effektivere Arbeitsschritte gesetzt werden können. In der Ernährung kann das überlegte Zusammenspiel aus verschiedenen Lebensmittelkombinationen einen großen Nutzen für Ihre Leistungsfähigkeit mit sich bringen. Sie sind Teamleiter/in den Food-Teams und haben es in der Hand, die bestmögliche Qualitätsentwicklung aus entsprechenden Lebensmitteln zu gewinnen. Für den nächsten Jour fixe sind die Besprechungspunkte bereits klar definiert:

Abteilung Eiweiß: Kommunikation untereinander verstärkt fördern!

Ein erhöhter Eiweißspiegel macht nicht nur gute Figur, sondern hilft, den Hunger auch über längere Zeit zu stillen. Für Milch und Milchprodukte gilt: Maß halten. Achten Sie dabei vor allem auf den Fettgehalt. Bevorzugen Sie Produkte mit niedrigem Fettanteil wie Magermilch, Buttermilch, Joghurt, Magerquark, Fisch, Sojaprodukte, Fleisch – das sind wichtige Eiweißlieferanten. Optimal ist ein Mix aus tierischen (ohne Fett) und pflanzlichen Eiweißquellen, wobei der pflanzliche Teil überwiegen sollte. Damit decken Sie die Aminosäurenpalette komplett ab – was sich für Ihre Konzentrationsleistung und auch Ihren gesamten Organismus auszahlt. Fleisch und Wurst sollten nicht allzu oft auf der Food-Agenda stehen. Setzen Sie auf Low-Fat-Produkte wie fettarme Wurstsorten, mageres Fleisch und minimieren Sie auch bei der Zubereitung die Fettzugabe. Fisch gehört zur gehirngerechten Ernährung mit dazu. Achten Sie aber auch hier auf eine fettarme Zubereitung – vorzugsweise aus dem Dampfgarer. Die Wertigkeit von Eiweiß wird durch die Kombination von tierischen und pflanzlichen Eiweißen stark erhöht: Kombinieren Sie beispielsweise Eier mit Kartoffeln, Getreide mit Milch, Fisch mit Bohnen, dann stimmt die Kommunikation untereinander.

Abteilung Frisches: Übergreifende Maßnahmen gezielt einsetzen!

Die Kombination von Früchten und Gemüse in der Snackzubereitung verleiht einen unheimlich frischen und köstlichen Geschmack. Durch das Zusammenführen erhöhen Sie automatisch Ihre Zufuhr von Nährstoffen und garantieren somit einen höheren Deckungsgrad an Vitaminen, Mineralstoffen, Spurenelementen, sekundären Pflanzenstoffen und sämtlichen Substanzen, die die Natur zu bieten hat.

Abteilung Kohlenhydrate: Teams mit Mehrwert strategisch bilden!

Ein Kohlenhydratspektrum mit Kombinationen aus Fruchtzucker und Stärke wie z.B. ein Vollkornbrot dünn mit Marmelade oder sparsam mit Honig bestrichen oder aus Milchzucker und Fruchtzucker wie Bananenmilch macht Sinn und sorgt für eine optimale gehirngerechte Versorgung. Am besten direkt zum Frühstück als schneller Energiekick zum Munterwerden, aber auch als Grundbasis zur langfristigen Energiebereitstellung. Zuerst wird die schnelle Energie aus der Marmelade oder dem Honig bzw. der Banane aufgenommen, die innerhalb weniger Minuten zur Verfügung steht. Ergänzt wird diese Energiequelle durch die langsamer ins Blut aufgenommenen Kohlenhydrate aus dem Getreide oder der Milch, die den Blutzucker und damit die verfügbare Energie konstant halten.

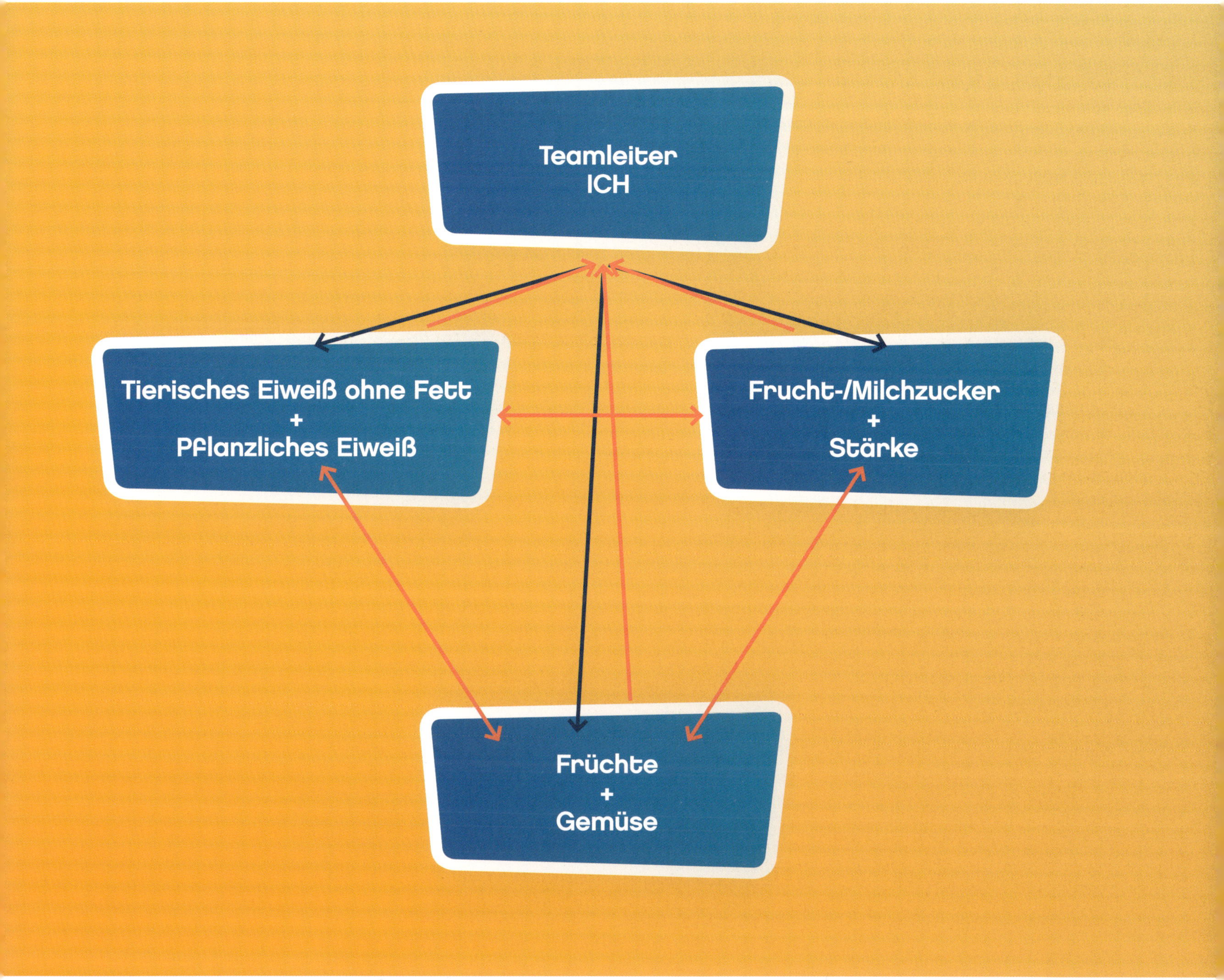
Teamleiter
ICH
Tierisches Eiweiß ohne Fett
+
Pflanzliches Eiweiß
Frucht-/Milchzucker
+
Stärke
Früchte
+
Gemüse

Fokus auf Vitamine & Co.

Anspruchsvolle Software läuft nur mit intakter Hardware. Eine ausgewogene Ernährung steht bei immer mehr Verbrauchern hoch im Kurs und gesunder Genuss ist einer der Megatrends unserer Zeit. Beim Einkauf zählt zunehmend die Qualität der Lebensmittel, die immer häufiger nur dann in den Einkaufskorb gelangen, wenn sie die Ansprüche an eine gesunde Ernährung erfüllen. Der Vitamingehalt ist dabei von großer Bedeutung. Vor diesem Hintergrund ist auch die Nachfrage nach Lebensmitteln aus biologischer Landwirtschaft in der letzten Zeit in ungewohnte Höhen gestiegen.

Gemüse und Früchte sind reich an Mineralstoffen, sekundären Pflanzenstoffen, Ballaststoffen und Vitaminen. Durch einen hohen Gehalt an Wasser und einen sehr kleinen Fettanteil liefern sie nur wenige Kalorien. Gemüse meist sogar noch weniger als frisches Obst. Frisches und tiefgefrorenes Obst und Gemüse enthält tendenziell die meisten Nährstoffe. Doch um das Tagespensum zu erreichen, helfen auch getrocknete, gegarte und konservierte Gemüse- und Früchterationen. Frisch gepresste Frucht- oder Gemüsesäfte sollten nur eine Obst- oder Gemüsemahlzeit am Tag ersetzen. Der Unterschied: Bei frisch gepressten Säften fehlen die Faserstoffe und sie sind daher nicht so hochwertig wie die ganze Frucht.

Top-Manager unter den Nährstoffen

Vitamine sind das Führungspersonal unter den vielen Nährstoffen. Sie managen wichtige Abläufe im Stoffwechsel und sorgen dafür, dass alle Körperfunktionen einwandfrei ablaufen und unsere Denkfabrik gute Leistung bringen kann. Da eine Vielfalt von frischen Gemüse- und Obstsorten jederzeit erhältlich ist, sollten Sie auch bei der Verarbeitung und Lagerung Grundsätzliches beachten: Licht und Luft zerstören Vitamine. Außerdem geht ein Teil beim Waschen und Kochen verloren. Durch eine nährstoffschonende Vor- und Zubereitung der Lebensmittel können starke Vitaminverluste jedoch weitgehend vermieden werden. Am meisten Vitamine erhalten Sie durch den rohen Verzehr. Ganz frisches Obst und Gemüse ist natürlich am besten und moderne Lieferservices erleichtern das Einkaufen und bieten täglich frische Ware direkt an den Schreibtisch, was auch viel Zeit spart.

Trink-Frucht

Ganzfruchtgetränke liegen im Trend, und wie der Name schon sagt, wird die ganze Frucht außer Kerne und Schale verwendet und püriert – im Vergleich zu gepressten Obstsäften, wo nur der Direktsaft getrunken wird. Trink-Frucht enthält eine Reihe von wertvollen Inhaltsstoffen und ist reich an Ballaststoffen. Sie eignet sich aufgrund ihres hohen Nährwertes besonders als Zwischenmahlzeit und ist daher kein Getränk!

Im Mixglas selbstgemacht: Die Basis bildet meist eine Banane und dazu nach Geschmack zwei verschiedene Obstsorten und etwas frisch gepresster Orangensaft (oder, wer mag, Grapefruitsaft), gemixt zu einem sämigen „Trink-Frucht-Saft".

Trink-Salat

Eine Steigerungsstufe der Trink-Frucht ist der Trink-Salat, bei dem noch wertvolle Pflanzenteile wie Salatblätter, Grün von Kohlrabi oder Karotten, Gartenkräuter, aber auch Blätter von Kohlsorten im Mixer landen. Pflanzengrün enthält in hoher Konzentration Vitamine, Mineralien, Eiweiß und wertvolles Chlorophyll, was sich besonders positiv auf das Herz-Kreislauf-System auswirkt und die Sauerstoffzufuhr in Blut und im Gehirn erhöht. Durch das Mixen werden die Zellulosewände aufgesprengt und somit wird der Trink für den Körper leichter verdaulich gemacht.

basic 4

Im Mixglas selbstgemacht: Früchte zusammen mit frischen grünen Blättern im Verhältnis von 60:40 in ein Mixglas geben und zusammen mit stillem Mineralwasser zu einem ballaststoffreichen, sämigen „Trink-Salat-Getränk" pürieren.

Stille Nährstoffbomben am Schreibtisch

Sicherlich kennen Sie Sojasprossen (eigentlich Mungbohnensprossen) aus der asiatischen Küche. Schon im alten China kannte man ihren hohen ernährungsphysiologischen Wert und bereitete die Gesundheit spendenden Keime auf viele schmackhafte Arten zu. Aber auch Getreidearten aus unseren Breiten wie Mais, Linsen, Weizen oder Alfalfa eignen sich wunderbar zum einfachen Keimen. Gründe, um es einfach einmal auszuprobieren, gibt es viele: Keimlinge und Sprossen sind das nährstoffreichste Gemüse überhaupt. Sie sind kalorienarm, wohlschmeckend und zudem sehr preiswert. Frisch geerntet wandern sie auf den Pausensnack und sorgen für eine gesunde Ernährung im Arbeitsalltag.

Keimen – so einfach geht´s

Keimfähiges Getreide bekommen Sie in jedem Reformladen. Sobald der Samen mit Wasser in Kontakt kommt, beginnt die Keimung. Das Nährgewebe und der Keim saugen sich voll und quellen auf. Die Wurzelspitze bricht durch die Samenhülle, Stängel und Blätter sprießen und aus dem Keimling wird eine Pflanze. Geerntet werden kann, wenn die ersten Samen sprießen; dann hat die Nährstoffdichte das größte Volumen erreicht. Um weiteres Wachstum zu vermeiden, lagert man die Sprossen im Kühlschrank. Samen und Hülsenfrüchte enthalten oft unverdauliche Stoffe und werden erst durch Einweichen, Kochen oder Mahlen verwertbar. Leider gehen dabei viele wertvolle Vitamine verloren. Sprossen hingegen zählen zu den vorverdauten Lebensmitteln, die für den Menschen viel leichter verträglich sind. Denn wenn der Keimprozess beginnt, wandeln sich die in den Samen gespeicherten Nährstoffe (Kohlenhydrate, Proteine und Fett) in leichter verwertbare Stoffe für die Pflanze – und auch für den Menschen – um. Gekeimt kann man also die ganze Pflanze mit allen Inhaltsstoffen in bester Form essen. Die enorme Steigerung des Vitamingehalts spricht für sich: Der Vitamin-C-Gehalt eines Haferkorns steigert sich um ganze 600 %, wenn man ihn sprießen lässt, der Vitamin-E-Gehalt von Linsen, Erbsen, Reis und Weizen um satte 30 %.

Ihre täglichen Power-Booster:

- Smoothie aus drei verschiedenen Obstsorten
- Ein Stück Obst im Müsli oder natur
- Pimp your Snack mit Kresse oder Sprossen
- Vorrang für Rohkost, Salat und/oder eine Portion Gemüse
- Ein Glas Gemüsesaft
- Gemüsegerichte oder Gemüse als Beilage

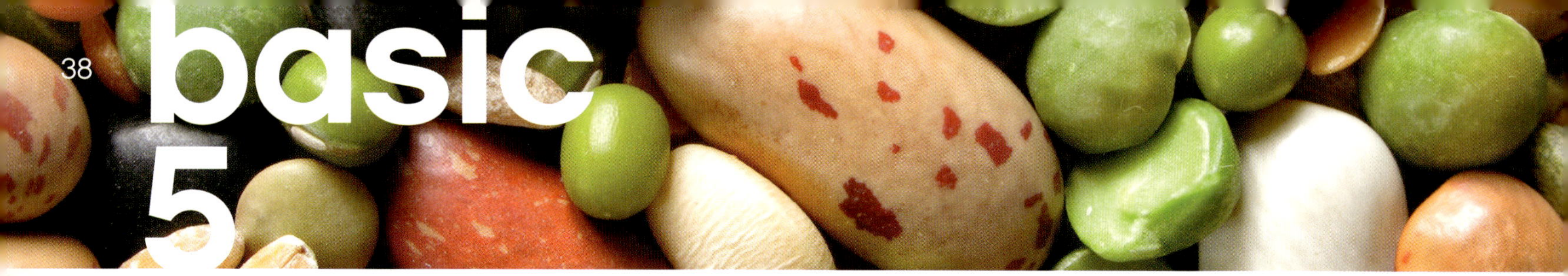

basic 5

Gut ernährt!

Basisprojekt! Die Ernährung am Arbeitsplatz ist von Grund auf wichtig für die Effektivität im Job. Hülsenfrüchte sind die perfekten Leistungsoptimierer, und dabei spielt es keine Rolle, ob Linsen, Erbsen, Sojabohnen, rote, weiße oder Kidneybohnen – auf alle Fälle in Hülle und Fülle.

Optimierte Food-Agenda

Eine ungesunde Ernährung (Weißmehlprodukte, Schokolade, zu süße Getränke, ...), wie sie leider sehr oft im Arbeitsalltag vorkommt, lässt den Blutzuckerspiegel Achterbahn fahren und bedeutet Schwerstarbeit für den Organismus. Und genau das bremst nicht nur die geistige Fitness, sondern macht richtig schlapp, müde und unkonzentriert. Hülsenfrüchte hingegen helfen zum einen durch die Nährstoffvielfalt und den hohen Ballaststoffanteil, den Blutzuckerspiegel konstant zu halten, zum anderen sorgen die unverdaulichen Kohlenhydrate für ein befriedigendes, langanhaltendes Sättigungsgefühl, und die Nahrungsaufnahme wird automatisch reduziert. Zugleich sorgen die Kohlenhydrate für ein hohes Konzentrations- und Lernvermögen.

Ohne dass wir darüber nachdenken müssen, leistet das Gehirn rund um die Uhr Schwerstarbeit. Dafür braucht es auch sehr viel Energie. Die Hauptenergiequelle sind die kleinsten Bausteine der Kohlenhydrate. Nachdem das Gehirn für seinen Brennstoff keine Vorräte anlegen kann, muss dieser ständig über die Blutbahn ins Gehirn transportiert werden. Das garantiert einen stabilen Blutzuckerspiegel. Das Hormon Insulin ist als einziger Stoff des menschlichen Körpers in der Lage, den Blutzuckerspiegel zu senken. Durch das Insulin werden die Zellwände für den Zucker im Blut erst durchlässig, und nur so kann der Blutzuckerspiegel wieder gesenkt werden, nämlich indem der Zucker aus dem Blutstrom in die verschiedenen Körperzellen aufgenommen und dort auch verwertet wird. Hohe Insulinausschüttungen, wie sie durch Limonaden, Weißmehlprodukte, weißen Zucker usw. passieren, bewirken einen raschen Anstieg und eine rasche Absenkung des Blutzuckerspiegels. Das hat unter anderem zur Folge, dass man dadurch schnell müde wird, die Leistung sinkt und die Konzentrationsfähigkeit abnimmt.

Fazit: ein konzentrierter Workflow

Komplexe Kohlenhydrate aus Hülsenfrüchten, aber auch Getreide garantieren einen stabilen Blutzuckerspiegel und sorgen für eine optimale Leistungsfähigkeit des Gehirns während des gesamten Arbeitstages. Ein erhöhter Kohlenhydratanteil fördert die Denkleistung enorm, zum anderen bringt er die Verdauung in Schwung. Außerdem wirken Ballaststoffe der Heißhungerattacke. Mit einem Wort: zielführende Business-Ernährung!

Fette schmieren das Denkvermögen

Fett ja, aber „herzlich". In der heutigen Zeit hat das Wort Fett einen schmierigen Beigeschmack bekommen und wird eher mit ungesund und krankmachend assoziiert. Die Rede ist von gehärteten Fetten (Margarine), raffinierten Ölen (Billigöle in Plastikflaschen), Transfetten (in Fertigprodukten, Fastfood) und gesättigten Fettsäuren, die auch in tierischen Fetten (Schweinefleisch, Rindfleisch) zu finden sind. Eine erhöhte Aufnahme von versteckten Fetten aus Fertigprodukten, Fastfood usw. führt zu Unkonzentriertheit, Abgeschlagenheit (Mittagsmüdigkeit) und Übergewicht, denn der Mensch von heute braucht einfach nicht mehr so viel Fett. Die Arbeitswelt hat sich in den letzten Jahrzehnten von körperlich anspruchsvollen Tätigkeiten zur Komfortgesellschaft durch vorwiegend sitzende Arbeitsabläufe drastisch verändert.
In Bezug auf eine gesunde Ernährung muss zwischen guten und schlechten Fetten klar differenziert werden. Pflanzliche Öle kann der Körper besser aufnehmen und verwerten als tierische Fette. Wobei vollkommen auf tierisches Fett zu verzichten ein schier undenkbarer Weg ist und man damit direkt ins gesundheitliche Fettnäpfchen treten würde.

Die volle Kapazität des Gehirns aktivieren

Was zeichnet ein gesundes Fett aus? Gute Fette werden beim Herstellungsverfahren äußerst schonend behandelt. Die Kaltpressung ist dabei entscheidend; damit die empfindlichen Inhaltsstoffe erhalten bleiben, darf keine zu hohe Wärmeentwicklung stattfinden. Nur ein kalt gepresstes Öl aus erster Pressung, mild duftend und unerhitzt, unterstützt Ihren Körper und leistet so einen wesentlichen Beitrag für Ihre Geisteskraft und für eine bedarfsgerechten Ernährung on the job.

Benefits für die Denkzentrale

Gesunde Fette, die vorwiegend aus ungesättigten Fettsäuren bestehen, erfüllen ganz wichtige Funktionen im Körper und speziell im Gehirn. Das flüssige Gold, wie man es auch nennt, ist wie Vitamine essenziell, das heißt, es muss mit der Nahrung aufgenommen werden. Diese hochwertigen Fette übernehmen unzählige wichtige Aufgaben, ohne die der Körper nicht optimal funktionieren kann.

Sie sind

- die richtigen „Schmiermittel" und garantieren den reibungslosen Informationsfluss im Gehirn;
- für die Informationsweitergabe und -speicherung zuständig und sorgen für flexible Zellwände;
- für die Aufnahme der fettlöslichen Vitamine A, D, E und K lebensnotwendig;
- für ein natürliches Sättigungsgefühl wichtig;
- die Speicherungsform von hochkonzentrierter Energie.

Geistiger Energieschub

Auch bei der Zubereitung von warmen und kalten Snacks oder Salaten spielt die Fettqualität eine entscheidende Rolle. Besondere Aufmerksamkeit verdienen mehrfach ungesättigte Fettsäuren wie z.B. die Omega-3-Fettsäuren. Besonders die Kaltwasserfische wie Hering, Lachs, Forelle, Zander oder Heilbutt sind ideale Quellen für Omega-3-Fettsäuren. Aber auch hochwertige pflanzliche Öle wie Rapsöl, Traubenkernöl, Distelöl und besonders Soja- und Leinsamenöl weisen hohe Konzentrationen von Omega-3 auf. Wissenschaftliche Studien sind zum Ergebnis gekommen, dass der Konsum dieser Fettsäuren die Lern- und Erinnerungsfähigkeit aufgrund der besseren Kommunikation zwischen den Gehirnzellen unterstützt.
Allgemein kann man sagen, dass pflanzliche Öle bei der Speisenzubereitung den Vortritt haben sollten. Dabei ist es wichtig, sparsam damit umzugehen, um die Gesamtfettaufnahme keinesfalls zu überschreiten.

basic 7

Mittagspause³

Mehr Nährstoffe, mehr Geschmack, mehr Zeit

Wer geistig und körperlich fit sein will, muss dem Körper zuführen, was er braucht – nicht nur vor und nach der Arbeit, sondern auch direkt und während der Arbeitszeit. Immerhin sind das mindestens acht Stunden pro Tag, wo wir unserem Körper gute Leistung abverlangen. Neben der richtigen Getränkeauswahl wie mineralstoffreiche Mineralwässer gehören zum joborientierten Essen und Trinken viel frisches Obst, Gemüse, Vollkornprodukte, ausreichend Milch und Milchprodukte, Fisch sowie ein mäßiger Verzehr von Fleisch und Fleischprodukten. Damit ist das Thema zielführende Ernährung am Arbeitsplatz aber noch nicht abgeschlossen. Im Gegenteil: Die falsche Zubereitungsform kann wertvolle Nährstoffe vernichten, was wiederum Ihre Performance beeinträchtigt.

Aus hochwertiger Frischware können durch falsche Kochprozesse nährstoffarme, fett- und somit kalorienreiche Speisen entstehen, die jedes Bemühen um ein bedarfsorientiertes Ess- und Trinkverhalten zunichtemachen. Doch kein Grund zu verzweifeln: Wer beim Einkauf auf hochwertige und frische Lebensmittel achtet und diese richtig und schonend gart, umgeht diese Probleme.

Das ideale Wohlfühlprogramm für Vitamine und Mineralstoffe

Dampf ablassen tut gut, auch im Büro. Neben der enormen Zeitersparnis bietet ein mobiles Tisch-Dampfgargerät in der modern eingerichteten Büroküche eine Bandbreite an wichtigen Vorteilen: Frische, aber auch tiefgekühlte Lebensmittel können vitamin- und mineralstoffschonend gegart und ohne viel Aufwand zubereitet werden. So enthält Brokkoli aus dem Dampfgarer 50 % mehr Vitamin C als im Kochtopf gekochter Brokkoli. Bei gedämpftem Paprika beispielsweise gibt es keine Verluste an Mineralstoffen und Spurenelementen. Im Gegensatz dazu hat Paprika aus dem Kochtopf etwa 45 % weniger Nährstoff als die Rohware. Wichtige Pluspunkte also für alle Arbeitswütigen, die nicht nur fit am Arbeitsplatz sein wollen, sondern sich auch in der Freizeit nach einem gesunden Körper sehnen.

Dampfgaren ermöglicht jedem Anwender optimale Ergebnisse hinsichtlich Nährstofferhaltung und Geschmack, die dem traditionellen Kochen deutlich überlegen sind. Es spricht einiges dafür, das Dampfgaren sich in den kommenden Jahren zu einem neuen Trend entwickeln wird, weil es auf ideale Weise höchstmöglichen Genuss mit gesunder Ernährung verbindet, und das unkompliziert. Also für jeden machbar!

Garen ohne Zeitverlust

Zeitaufwendige Projekte fordern uns heraus, Pausen auf die lange Bank zu schieben. Und dann soll auch noch Zeit zum Kochen bleiben. Wer sich regelmäßig bewusst ernähren möchte und sich zusätzlich um die Zubereitung kümmern muss, steht nicht selten vor einem Problem. Der Griff zum Fertigmenü aus der Mikrowelle oder zum Fastfood beim Kiosk um die Ecke sind leider oft praktizierte, aber nicht zielführende Verhaltensweisen. Mit der richtigen Ausstattung der Teeküche oder Ihres Büros geht es im Handumdrehen um vieles einfacher. Während Sie Ihre Arbeit am Schreibtisch erledigen können, gart oder erwärmt Ihr Dampfgarer Ihren Mittagssnack – und das völlig geruchlos. Ohne extra Zeitaufwand durch ständiges Rühren, aber exakt getimt zur gewünschten Pausenzeit! Während Ihre Kolleginnen und Kollegen die Kantine stürmen, genießen Sie bereits Ihren nährstoffreichen Snack und haben zusätzlich Zeit für eine kurze Auszeit. Eine lohnenswerte Investition für Ihre Leistungsfähigkeit und nicht zuletzt für Ihre Gesundheit.

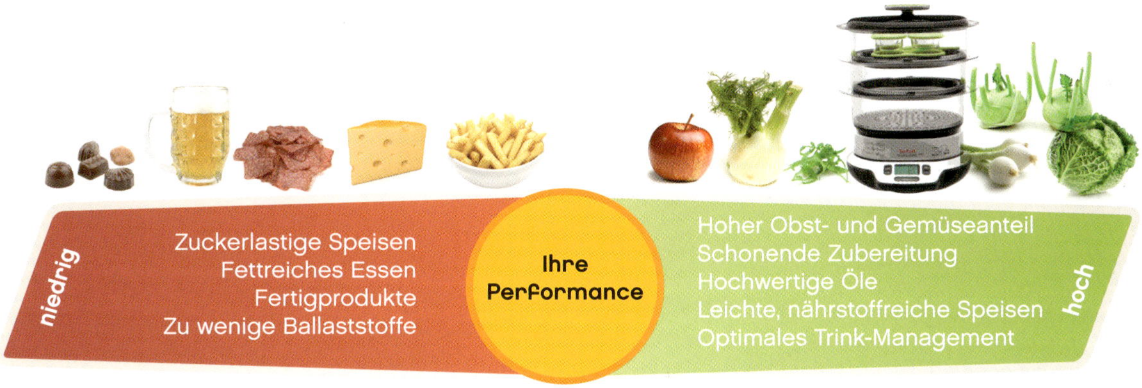

Food-Faktor:
Essen und Trinken on the job
Die richtige Kombination macht's!

Mehr Profit aus der Mittagspause!

Schnelles und schonendes Garen

Natürliches Aroma, Struktur und Geschmack bleiben erhalten

Salzarmes und fettarmes Kochen

Lockerung des Zellgefüges von Gemüse, daher leichter verdaulich

Mehr Vitalität – durch mehr Vitamine, Mineralstoffe und Spurenelemente

Kein Rühren, kein Anbrennen

Aufwärmen von Speisen ohne Austrocknen

basic 8

Work 'n' Snack: Portions-Controlling für ein erfolgreiches daily BISSness

Das Geheimnis der kleinen Business-Mahlzeiten

Geistige Fitness und gute Laune hängt sehr wohl auch damit zusammen, was auf Ihrem Speiseplan steht. Dass man die Weisheit nicht mit dem Löffel essen kann, ist klar, fest steht aber, dass Konzentration, Lern- und Merkfähigkeit durchaus mit einer intelligenten Auswahl der Lebensmittel und Getränke verbessert werden können. Und gute Laune wird auch gleich mitgeliefert. Wichtig dabei sind ein Mahlzeiten-Rhythmus, frische Lebensmittel, viel Wasser und die Portionsgröße. Wenn man von Snack-Mahlzeiten spricht, dann sollte der einzelne Snack nur so groß sein, dass er in Ihrer Hand Platz findet. Mit dieser Maßeinheit haben Sie das Portions-Controlling täglich im Auge. Schon in kurzer Zeit werden Sie merken, dass vieles bei der Arbeit viel einfacher von der Hand geht.

Grundsätzlich gilt: Gehen Sie nie mit leerem Magen außer Haus. Ihre Energietanks sind nach dem Aufstehen leer (Siehe Kapitel „Basic 1" S. 24)! Jeder Snack erfüllt eine bestimmte und sehr wichtige Aufgabe in Ihrem täglichen Mahlzeiten-Rhythmus!

Zweites Frühstück (Swift Start) – gibt Kraft

Direkt im Büro erweitern Sie Ihr Frühstück um einem kleinen vitalen Snack. Mit diesem Morgenhappen tanken Sie noch einmal eine gehörige Portion Energie, um den Körper für einen anstrengenden Arbeitstag zu rüsten. Die vielen verschiedenen Food-Bausteine aus dem „Basic 1" (S. 24) aktivieren sämtliche Antriebskräfte. Damit ist die Morgenmüdigkeit wie weggeblasen und der Körper gestärkt für einen erfolgreichen Arbeitstag.

Vormittagssnack (Fast Benefit) – steigert die Konzentrationsfähigkeit

Geistige Anstrengung macht hungrig, denn durch das Konzentrieren verbraucht Ihr Körper viel Energie. Um Ihre Konzentration aufrechtzuerhalten und im nächsten Meeting nicht wegzuschlafen, müssen Sie Ihrem Körper wieder Nahrung zuführen. Am besten einen kohlenhydratreichen Happen, der zugleich fettarm ist, in Kombination mit Obst und/oder Gemüse. Achten Sie auch auf die Frische der Lebensmittel, denn dann enthalten sie viele Vitamine und Mineralstoffe.

Mittagssnack (Quick Win) – gibt Energie ohne Belastung

Zu Mittag soll die Mahlzeit leicht sein. Für gute Leistungen am Nachmittag stehen schnell verdauliche und nicht zu fette Mahlzeiten am Speiseplan. Geben Sie Salat und Gemüse den Vorrang, während Sie Fleischgerichte eher klein ausfallen lassen. Hülsenfrüchte sättigen lange und sorgen für langfristige Energie. Am besten frisch zubereitet und nach Möglichkeit dampfgegart! Auch vorbereitete klare Suppen, Eintöpfe mit Gemüse oder komplette Gerichte wie Nudel- oder Reisaufläufe lassen sich gut erwärmen, und das bekommen Sie in der Mittagspause locker hin.

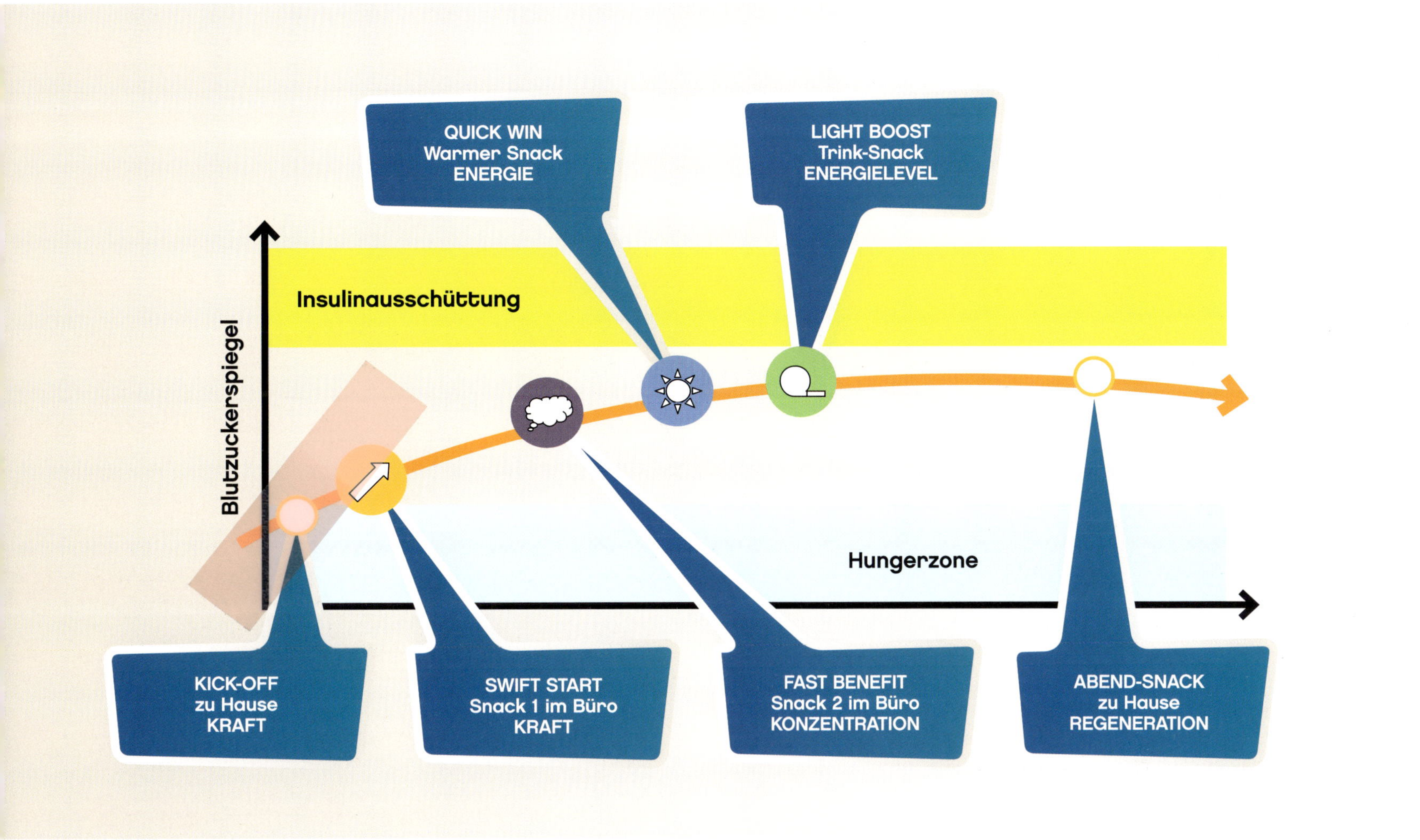

Nachmittagssnack (Light Boost) – erhält die Leistungsfähigkeit bis zum Feierabend

Der Snack am Nachmittag sollte klein und eher eiweißbetont zusammengestellt sein. Damit können Sie noch einmal Ihre Konzentration auf ein hohes Level bringen. Um den Körper am wenigsten zu belasten, trinken Sie Energie. Mit Trink-Snacks auf Basis von Wasser, Milch- und Sojaprodukten in Kombination mit Obst und/oder Gemüse mobilisieren Sie noch einmal auf leichte Art und Weise Ihre Kräfte bis zum Feierabend. Denken Sie beim Trinken auch mal an die breite Palette der Kräutertees!

basic 8

Sandwich:
Die Kunst des perfekten Snacks

Sandwiches zubereiten kann jeder. Und besonders gut, wenn er dabei an acht einfache Regeln denkt.

Basics
Jedes Sandwich hat ein tragendes Element – Vollkornbrot oder Vollkornbrötchen. In Bestform mit nicht zu knuspriger Oberfläche. Weil es sich leichter zusammenklappen lässt und unnötige Krümelproduktion vermieden wird.

Basement
Auf ein starkes Fundament kommt es an. Je vielfältiger die Zusammenstellung und je flüssiger die Zutaten, desto dicker sollte das Unterstück des Sandwiches sein. In der Praxis heißt das: Brot oder Brötchen so schneiden, dass der Deckel ungefähr halb so dick wie der Boden ist.

Little Help
Brötchen nie ganz auf- und außerdem schräg, ungefähr im 45-Grad-Winkel, anschneiden. Das erhöht die Vorderkante der unteren Hälfte und verhindert, dass Teile des Belags herausfallen.

Taste
Vor dem Belegen das geöffnete Brötchen aushöhlen. Wirkt wie ein natürlicher Geschmacksverstärker. Denn zu dickes Brot kann den Geschmack der Zutaten überdecken.

Black & White
Brot nur auf einer Seite anrösten: Die krosse Innenseite hält Flüssiges zurück, die weiche äußere ist ideal für den beherzten Biss.

Efficient
Käse direkt auf das Brot legen. Das stützt die Struktur des Sandwiches und dichtet es außerdem gegen Flüssigkeiten ab.

Limits
Nie zu viel Dressing nehmen und nur auf die untere Hälfte geben. Vorteil: beim Zusammenklappen quillt nichts heraus. Am besten Salat lediglich in Soße schwenken.

Green Area
Grünes ist immer gut. Es liefert gesunde Pflanzenstoffe bei wenig Kalorien. Eingelegtes abtropfen lassen, um Unmengen an Flüssigkeit zu vermeiden.

Der geregelte Griff in die Schreibtischlade

Nachdenken, planen, kreativ sein. Wer täglich seine Arbeitsaufgaben erledigt, verbraucht auch eine Menge Energie. So benötigt zum Beispiel unser Gehirn täglich etwa 180 Gramm Glukose – und an anstrengenden Arbeitstagen über 200 Gramm. Eine bewusste, gesunde Ernährung hilft, die hohen Anforderungen des modernen Berufslebens an Körper und Geist besser zu erfüllen. Umso ärgerlicher ist es dann, wenn diese vernünftige Lebensweise mit einer unrühmlichen Leidenschaft bekleckert wird: Die Rede ist von der Gattung der Knabber-Junkies (natürlich männlich wie weiblich), die Tag für Tag im Büro ihren Kampf gegen Chips, Schoko, Crackers und Co. verlieren. Und sich mit gutem Naschwerk, aber schlechtem Gewissen in kurzer Zeit von ihrem Frust, Kummer oder Stress losfuttern wollen.

Regelungstechniken mit Widerstandskraft

Regel Nr. 1: Legen Sie sich keinen Vorrat an. So schalten Sie den unwillkürlichen Griff zur Kalorienbombe schon mal aus. Kaufen Sie Schleckereien und Knabbereien gezielt ein. Auch wenn Sonderangebote wie „Nimm zwei, zahl eins" verlockend wirken. Was in der Schreibtischschublade bereitliegt, wird nämlich auch gegessen.

Regel Nr. 2: Zuerst satt essen und erst dann die kleinen Fertigsnacks genießen. Jeder weiß, wie schlimm es ausarten kann, wenn man hungrig eine Chipspackung öffnet. Sind Sie satt, laufen Sie nicht Gefahr, die ganze Packung auf einmal zu verputzen.

Regel Nr. 3: Was in einer Hand Platz hat, ist ausreichend. Legen Sie nach dem Öffnen der Packung eine handtellergroße Portion in eine kleine Schüssel, den Rest sperren Sie sofort weg. Das minimiert das Weiternaschen um ein Vielfaches und macht deutlich: Mehr gibt's nicht.

Regel Nr. 4: Für Schokofans: Zum dosierten Umgang sind einzeln verpackte Schokoriegel bestens geeignet! Keine Chance mehr für die „All you can eat"-Nummer! Legen Sie die Schokolade in einzelnen Stücken in den Kühlschrank. Die kühle Versuchung lassen Sie dann langsam im Mund schmelzen. Durch das langsame Lutschen haben Sie das Gefühl, viel mehr genascht zu haben, und außerdem werden Sie merken, welche Geschmackstoffe die Schoko sonst noch aufzuweisen hat.

Regel Nr. 5: Disziplin ist oberstes Gebot. Stoppen Sie den automatischen, immer wiederkehrenden Griff zur Schüssel – indem Sie die Schüssel einfach weiter weg stellen. Dann knabbern Sie bewusster, langsamer und können auch mehr genießen.

Regel Nr. 6: Nicht nur Naschen macht dick. Viele unterschätzen den Kaloriengehalt der Getränke, die dazu getrunken werden. Wer seinen Durst mit Mineralwasser oder mit verdünnten Säften anstatt mit Limos löscht, kann bis zu 500 Kalorien täglich einsparen.

Regel Nr. 7: Tauschen Sie Ihren Vorrat Stück für Stück gegen Alternativen aus der Notfallapotheke aus. Denn dann kann Naschen Ihren geistigen Fähigkeiten förderlich sein. So sollte die persönliche Food-Agenda auch einen Notfallplan für die kurzfristige Leistungsoptimierung beinhalten. Rüsten Sie sich für den Berufsalltag, damit Sie in Zukunft ruhigen Gewissens mit einem Griff in Schreibtischlade oder Aktentasche Ihren kleinen Hunger und Heißhunger entspannt stillen können.

Vollkorn-Reiswaffeln
Reiswaffeln werden ähnlich wie Popcorn hergestellt. Durch den schonenden und sehr kurzen Backprozess werden die Nährstoffe wie z.B. Kohlenhydrate aufgeschlossen und damit für den Menschen leichter verdaulich gemacht. Vollkorn-Reiswaffeln vertreiben das Hungergefühl und belasten den Magen kaum. Praktisch: Die Waffeln lassen sich bestens im Büro oder in der Aktentasche verstauen und sind während einer Verschnaufpause als Zwischendurch-Snack bei aufkommendem Hungergefühl schnell verzehrt.

Trockenfrüchte
Getrocknete Früchte sind die ideale Quelle, wenn es um bewusstes Naschen geht. Die Erklärung ist einfach: Durch den Wasserentzug werden die fruchteigenen Zuckerarten konzentriert, dadurch haben Trockenfrüchte eine viel höhere Nährstoffdichte als Frischobst. Der geistig beanspruchte Körper erhält dadurch viel Energie zurück. Im Gegensatz zu anderen Süßigkeiten gelangen beim Trockenobst die langkettigen Kohlenhydrate nicht so schnell ins Blut – dadurch wird eine längere Sättigung bewirkt.

Nussmischung oder Studentenfutter
Nüsse besitzen einen hohen Nährwert. Sie enthalten Fett, Eiweiß und Kohlenhydrate. Die Fette bestehen im Wesentlichen aus den leicht verdaulichen, gesundheitsfördernden ungesättigten Fettsäuren. Nüsse in Verbindung mit Trockenfrüchten, wie sie als Studentenfutter angeboten werden, sind der ideale Snack für Denker und bieten eine willkommene und gesunde Alternative. Im Team bieten sie Leistungstuning fürs Gehirn.

Dunkle Schokolade
Glücksgefühl gefällig? Nicht umsonst heißt es, dass Schokolade glücklich macht. In der Regel gilt: Je höher der Kakaoanteil, desto weniger Fett. Genießen Sie daher Schokolade mit einem mindestens 70-prozentigen Kakaoanteil – diese hat einen sehr niedrigen glykämischen Index und enthält darüber hinaus Stoffe, die entspannen und beruhigen.

Knäckebrot
Das Brot der Denker: Knäckebrot nimmt einen sehr günstigen Einfluss auf das Konzentrationsvermögen. Die schonende Verarbeitung des Getreides, die kurze Backzeit und der Trocknungsprozess belassen die lebenswichtigen Nährstoffe in Vollkorn-Knäckebrot weitestgehend. Durch den Reichtum an Vitaminen, Mineral- und Ballaststoffen hat Knäckebrot leistungsfördernde Effekte und sorgt für einen ausgeglichenen Blutzuckerspiegel, was für kreatives Arbeiten von Vorteil ist.

Datteln
Der Energie-Kick für Ihr Gehirn: Genießen Sie bei Konzentrationsproblemen oder Abgeschlagenheit acht bis zehn Stück frische Datteln. Die Energie- und Vitaminwunder enthalten nahezu kein Fett und ihr natürlicher Zuckergehalt beträgt etwa 80 % des Trockengewichtes. Dies garantiert eine langfristige Energiezufuhr und einen schnellen Energieschub. Trotz des hohen Zuckeranteils sind Datteln dennoch keine Dickmacher und enthalten deutlich weniger Kalorien als z.B. Süßigkeiten. Die natürliche Alternative zum Traubenzucker!

Die Notfallapotheke für Schreibtischtäter

Vollkorn-Reiswaffel
Erste Hilfe bei sinkender Leistungskurve!

Knäckebrot
Hungerstiller bis zur nächsten Mahlzeit!

Datteln
Geistiges Vital-Tuning!

Getrocknete Äpfel
Nährstoffschub bei plötzlicher Hungerattacke!

Nüsse
Kick für die geistige Fitness!

Schokolade (70 %)
Notfall-Kit bei Heißhunger nach Süßem!

Frisch schmeckt's am besten

Einkaufen will gelernt sein. Wie oft läuft man durch den Supermarkt und steht vor der Wahl: Nehm ich lieber dieses oder jenes? Was kommt in den Einkaufswagen? Das ist der entscheidende Moment: Das, was Sie in den Einkaufswagen legen, werden Sie später auch essen. Welche Entscheidung Sie treffen, liegt bei Ihnen und am richtigen Einkauf. Bei der Mode können Sie ohne weiteres aufs Äußere schauen, aber nicht bei Verzehrprodukten. Sinne schärfen, wenn es um Lebensmitteleinkauf geht. Die nachstehenden Tipps helfen Ihnen dabei.

- Legen Sie sich eine Einkaufsliste der Grundnahrungsmittel für die ganze Woche zurecht. Überlegen Sie vorweg, was nachgekauft werden muss. Ein größerer Vorrat spart Zeit und bringt auch Kreativität in Ihre Ernährungsplanung. Essen nach Ihrer Intuition wird gefördert. Sie können wählen, denn Sie haben ja alles zu Hause.
- Kaufen Sie frische Früchte, frisches Gemüse und Salate!
- Werfen Sie ein Auge auf die Zutatenliste der Produkte. Was zuerst angeführt ist, ist mengenmäßig am stärksten vertreten. (Bei Süßwaren steht meist Zucker an erster Stelle.) Meiden Sie daher Produkte, bei denen Wortbezeichnungen an erster oder zweiter Stelle stehen, die mit „-ose" enden. Mit „-ose" (z.B. Saccharose, ...) ist meist eine Form von Zucker mit leeren Kohlenhydraten gemeint, was nicht sehr empfehlenswert ist.
- Bevorzugen Sie immer Lebensmittel mit geringer Verarbeitung! Je natürlicher und frischer, desto besser.
- Beim Einkauf von Milchprodukten: Achten Sie auf den Fettgehalt! Bleiben Sie unter 50 % F.i.T. (Fett in der Trockenmasse).
- Beachten Sie beim Kauf von Getreide, dass die Körner auch keimfähig sind!
- Vergessen Sie nicht die so genannten „Pseudogetreidesorten" wie Buchweizen, Amaranth und Quinoa!
- Legen Sie Wert auf hochwertige Fette und Öle (Kürbiskernöl, Sesamöl, Sonnenblumenöl, Olivenöl, Leinöl, ...)!
- Bevorzugen Sie Lebensmittel regionaler Herkunft und beachten Sie auch die saisonale Verfügbarkeit entsprechend den Jahreszeiten!
- Wenn Bioprodukte, dann auf die Kennzeichnung achten! Nur solche, die folgende Kennzeichnung aufweisen, sind wirklich Bioprodukte:

  - aus biologischem Anbau
  - aus biologischer Landwirtschaft
  - aus biologischem Landbau

  Statt biologisch kann auch ökologisch oder eine Wortzusammensetzung wie „organisch-biologisch" oder „biologisch-dynamisch" verwendet werden.

- Wenn Sie Ihren Einkaufswagen betrachten, sollte die Menge an Obst und Gemüse all die anderen Artikel überwiegen.
- Gehen Sie nicht mit leerem Magen einkaufen! Ihr Heißhunger verleitet Sie sehr leicht zum Griff nach Fertig- bzw. Junkfood-Produkten.
- Bei Säften achten Sie darauf, dass auch wirklich Saft draufsteht (100 % Fruchtsaft) und nicht „Nektar" oder „Fruchtsaftgetränk", denn der Fruchtanteil bzw. Zuckergehalt unterscheidet sich bei diesen Getränken erheblich.
- Besorgen Sie sich auch immer wieder Nahrungsmittel direkt aus einem Bioladen, vom Bauernmarkt oder aus dem Hofladen.

Immer auf Achse

Außendienstmitarbeiter, die viel reisen und wenig Zeit haben, müssen dennoch nicht auf gesunde Mahlzeiten verzichten. Oft gibt es unterwegs wenige Möglichkeiten, sich bewusst zu verpflegen. Gehen Sie also lieber auf Nummer sicher und packen Sie Ihr eigenes Lunchpaket schon zu Hause. Damit haben Sie mit Sicherheit freie Fahrt. Am besten packen Sie Ihr Lunchpaket in eine Kühltasche. So bleiben die Lebensmittel den ganzen Tag über frisch und genussvoll.

Damit der Energiespeicher perfekt gefüllt ist, kein „Hungerast", also ein Leistungsabfall wie bei Sportlern, aufkommt und der Körper ohne Stress zur Bestform aufläuft, lautet das etwas salopp ausgedrückte Motto: „Vielseitig und mit Genuss!" Zugegeben, etwas zu global formuliert. Es gibt weitaus bessere Möglichkeiten, die hungrigen Körperzellen bei Laune zu halten: Essen Sie schlau und essen Sie oft. Vor allem: Snacken Sie oft. Sie müssen Ihren Verbrennungsmotor zum richtigen Zeitpunkt mit dem am besten geeigneten Futter anfeuern, denn dann verfügen Sie rund um die Uhr über das maximale Energieniveau. Was Sie brauchen, sind Kohlenhydrate, Eiweiß und wenig Fett. So fahren Sie den Körper keinesfalls in ein Nährstoff-Defizit. Daher sollten sich in Ihrem Lunchpaket immer Bananen, Paprikaschoten, Getreideriegel, Vollkornkekse, belegte Vollkornbrote und viel stilles Wasser befinden. Vorsorge ist der halbe Erfolg!

Tipps für unterwegs:

Start: Mit einem ausgiebigen, vitalstoffreichen Frühstück. Somit können Sie sichergehen, dass Ihr Reaktionsvermögen „hellwach" ist und dass Ihre Konzentration bei längeren Autofahrten nicht nachlässt.
Volltanken: Nicht nur das Auto, sondern auch Sie tanken gleich Gehirnbenzin an der Tankstelle mit. Eine ausreichende Zufuhr von Flüssigkeit ist extrem wichtig. Am besten Sie holen sich gleich eine Flasche stilles Mineralwasser und eine Flasche 100%igen Frucht- oder Gemüsesaft von der nächsten Tankstelle und mischen diese im Verhältnis 2:1 in einer Trinkflasche.
Aufwachen: Eine Tasse Kaffee darf es schon sein. Bestellen Sie aber ein Glas stilles Wasser dazu. Wenn Sie meinen, sich der französischen Tradition mit einem Croissant anschließen zu müssen, dann können Sie gleich einpacken. Viel zu fett, macht nur kurz satt und bereitet garantiert die nächste Heißhungerattacke vor. Bestellen Sie lieber ein Vollkornbrot mit Marmelade und dünner Butterschicht.
Umdenken: Meiden Sie fette Speisen. Fett macht träge. Fett ist zwar ein guter Geschmacksträger und sättigt, setzt aber eindeutig Leistungsfähigkeit und Konzentration herab. Keinesfalls Weißmehlgebäck mit Wurst – Fettgehalt zu hoch, ohne Vitamine oder Mineralstoffe. Der Kaloriengehalt entspricht fast einem kleinen Mittagessen. Besser: Vollkorngebäck mit magerem Kochschinken, Salatblatt und Gurkenscheiben.
Zwischendurch: Einen Fruchtjoghurt. Achtung! Sorten mit Fruchtzubereitung enthalten meist viel Zucker und Fett und sind daher wahre Kalorienbomben. Besser: Kaufen Sie fettreduzierten Naturjoghurt und essen Sie ganze frische Früchte dazu.

Knurrender Magen, aber keine Zeit für eine Pause?
Vollkorn-Reiswaffeln vertreiben das Hungergefühl und belasten den Magen kaum. Praktisch: Die Waffeln lassen sich bestens in der Aktentasche verstauen und sind während einer Verschnaufpause schnell verzehrt.

Mind-Fitness fürs Büro: Das bringt verbrauchte Energie wieder zurück

Die Konzentration lässt nach?
Der Energie-Kick für Ihr Gehirn: Genießen Sie bei Konzentrationsproblemen 8 bis 10 frische Datteln. Ihr natürlicher Zuckergehalt beträgt etwa 80 % des Trockengewichtes und geht schnell ins Blut. Die natürliche Alternative zum Traubenzucker!

Einfaches BISSness – perfekt getimt

Der Arbeitsalltag fordert heute weniger körperliche als vielmehr geistige Anstrengungen: ständige Einsatzbereitschaft und Konzentration, Kreativität, Computerarbeit, Telefondienst, Termine und vieles mehr. Zum Erhalt der Leistungsfähigkeit zwischen Terminstress und Tastatur gibt es einfache BISSness-Tricks.

Vereinbaren Sie Termine mit Ihrer Gesundheit! Planen Sie Pausenzeiten in Ihrem Terminkalender ein! Diese sind genauso wichtig, wenn nicht wichtiger als Ihre anstehenden Gesprächs- oder Schulungstermine. Bleiben Sie dabei nicht einfach am Schreibtisch sitzen, sondern stehen Sie auf, gehen Sie am besten an die frische Luft und entspannen Sie sich für ein paar Minuten. Essen Sie dabei z.B. einen Naturjoghurt, Magerquark, etwas Obst oder ein paar Vollkornbutterkekse, das geht immer.

Damit Sie Ihren Terminmarathon gut überstehen, haben Sie ab heute mit den folgenden Mini-Snacks gute Karten. In der Schreibtischlade, im Aktenkoffer oder am Besprechungstisch, immer griffbereit – für Außendienstmitarbeiter hat sich das Handschuhfach bewährt. So werden Meetings zu erfolgsorientierten „Eatings“ – das ist fix! Jour fixe!

Schlechte Laune?
Glücksgefühl gefällig? Nicht umsonst heißt es: Schokolade macht glücklich. Es gilt die Regel: Je höher der Kakaoanteil, desto weniger Fett. Genießen Sie daher Schokolade mit mindestens 70-prozentigem Kakaoanteil – diese hat einen sehr niedrigen glykämischen Index und enthält darüber hinaus Stoffe, die entspannen und beruhigen.

Durchhänger?
Mischen Sie Buttermilch mit reinem Fruchtsaft und steigern Sie so Ihr Energie-Level! Die Mischung gibt den nötigen Kick, geistige Frische und belastet den Körper nicht. Auch hilfreich: ein Getreideriegel ohne Zucker.

Der Zündstoff geht aus?
Trockenfrüchte und Nüsse sind der ideale Snack für Denker und bieten eine willkommene und gesunde Alternative zu Energieriegeln. Im Team mit Rosinen bieten sie Leistungstuning fürs Gehirn..

Geistig müde?
Wasser steigert die Konzentrationsfähigkeit und wirkt wie eine Frischzellenkur. Trinken Sie mindestens 2,5 Liter, regelmäßig über den Tag verteilt – und nicht nur bei hohen Temperaturen! So können Nährstoffe besser transportiert und vom Körper aufgenommen werden.

die specials

Tipps für die Taschen-Mahlzeit

Kein Herd im Büro? Nicht mal ein Kühlschrank? Selbst dafür gibt's Lösungen:

- Wann immer Sie Reis, Nudeln, Bulgur oder Ähnliches zubereiten, geben Sie eine Portion mehr ins Kochwasser. So haben Sie die perfekte Basis für Ihre Mitnehm-Salate.
- Bratlinge und Quiches lassen sich leicht portionsweise einfrieren und schmecken auch ohne Aufwärmen. Einfach über Nacht auftauen und mitnehmen.
- Kohlrabi, Möhren, Radieschen etc. erst im Büro raspeln und einen Salat oder Burger damit aufpeppen - wegen der Vitamine!
- Deponieren Sie Salz, Gewürze und Trockenkräuter im Büroschrank. Dann können Sie Ihre Salate in aller Ruhe und abwechslungsreich würzen.
- Geraspelter Weiß-, Rot- oder Blumenkohl leidet nicht, wenn man ihn schon morgens mit einem Dressing anrichtet. Im Gegenteil, er braucht ohnehin ein paar Stunden, um durchzuziehen.
- Hart gekochte Eier, Salzgurken und getrocknete Tomaten sind gut transporttauglich und bleiben sogar bei Zimmertemperatur ein bis zwei Tage frisch.
- Regen Sie in der Abteilung an, einen mobilen Dampfgarer anzuschaffen. Der Vorteil: Alle können sich die mitgebrachten Gerichte rasch, schonend und ohne Aufwand dämpfen bzw. wärmen.

Wenn's im Büro heiß hergeht

Jetzt hat man vielleicht gerade die Frühjahrsmüdigkeit im Griff, steht schon die nächste Herausforderung an: die sommerliche Hitze am Arbeitsplatz und in den Büros. Sehr oft kämpft man mit hohen Temperaturen und Schweißausbrüchen, gepaart mit Müdigkeit, was sich schnell mit Unlust zur Arbeit bemerkbar macht. Um der Hitze und Schwüle im Büro Herr zu werden, kann man bereits bei der Auswahl der Speisen beginnen, den Fokus auf leicht verdauliche, einfache Speisen zu richten, die Flüssigkeits- und Mineralstoffverluste ausgleichen und Energie spenden. Auf keinen Fall den Fehler machen, aufgrund von Appetitlosigkeit die Mahlzeiten auszulassen. Besser Sie greifen zu mehreren kleinen Snacks, die leicht verdaulich sind, und holen sich so auf einfache Art und Weise Energie für Ihren Tag. Mit ein paar grundlegenden Maßnahmen schaffen Sie die perfekte Basis für Lust, Laune und Energie und zugleich setzen Sie die körperliche Klimaanlage in Gang.

Wasser, Wasser, Wasser, ...

Unser wichtigster Verbündeter, um gegen die Hitze anzukommen, ist Mineralwasser, das man im Laufe des Tages stets in großen Mengen trinken sollte, allerdings nie zu kalt und vorzugsweise ohne Kohlensäure. Bei hohen Temperaturen mindestens 2,5 bis 3 Liter täglich! Trinken Sie auch dann, wenn Sie keinen Durst haben, da hohe Temperaturen unsere körperlichen Verhältnisse beeinträchtigt, die mit einer entsprechenden Flüssigkeitszufuhr wiederhergestellt werden müssen. Alkoholische und koffeinhaltige Getränke sollten hingegen eingeschränkt werden. Der Wasserkrug bzw. die Wasserflasche für unterwegs sollte nicht nur den Sommer über zum Pflichtinventar gehören.

Vitamine, Vitamine, Vitamine, ...

Im Sommer sollte man reichlich Obst und Gemüse essen, das die Nierenfunktion anregt und so hilft, den Körper zu entschlacken. Dazu sind Bananen, Aprikosen und Honigmelonen zu empfehlen. Auch naturtrübe Fruchtsäfte eignen sich zu diesem Zweck, ersetzen aber unter keinen Umständen frisches Obst, das zudem auch Ballaststoffe enthält, welche die Darmfunktion regeln. Außerdem sollte man der Lust auf Frisches nachkommen, die man an heißen Tagen hat, und leckere Salate auf den Tisch bringen: Kopfsalat, sämtliche Blattsalate, Karotten und diverse Saisongemüse erfrischen den Organismus und liefern viele Mineralstoffe, sekundäre Pflanzenstoffe, Vitamine usw.

Einfach, leicht und kreativ

Eine gute Idee ist es, die „bürotaugliche" Sommerküche mit Hülsenfrüchten zu bereichern, wie z. B. Kichererbsen oder Linsen, die den Salat geschmackreicher machen, uns außerdem mit viel Eiweiß versorgen und obendrein die Konzentrationsfähigkeit enorm fördern. Als Dressing empfiehlt sich extranatives Olivenöl, ebenso wie Magerjoghurt oder auch Gewürzkräuter, die reich an Vitaminen, Mineralstoffen und Spurenelementen sind. Im Sommer ist es ratsam, natürliche und gesunde Lebensmittel zu verzehren und fetthaltige oder kalorienreiche Speisen zu meiden, für deren Verdauung unser Organismus zu viel Energie braucht, was Sie wiederum ins Schwitzen bringt. Perfekt eignet sich auch frischer, gut gekühlter Obstsalat.

Rezept-Idee „Durstlöscher-Bowle"

Bereiten Sie 1 bis 2 Liter von einem beliebigen Kräutertee zu. Danach geben Sie Zitronenscheiben und frische Minzeblätter dazu. Im Kühlschrank 2 bis 3 Stunden kaltstellen. Danach geben Sie auf 1/4 Liter Tee 125 ml Mineralwasser sowie 125 ml naturtrüben Apfelsaft. Wer mag, mit Eiswürfeln serviert – der ultimative Durstlöscher fürs Büro.

Food-Management

Tipps für eine nachhaltige Ernährungsweise am Arbeitsplatz

Wasserkonsum erhöhen
- Wasserflasche mit sich tragen (ständiger Begleiter)
- Wasserglas am Schreibtisch
- Wasserkästen an stark frequentierten Orten

Vitaminzufuhr erhöhen
- Obstkorb auf den Schreibtisch stellen:
- Griffbereites Obst animiert zum Essen.
- Noch besser: Schneiden Sie das Obst mundgerecht vor.
- Richten Sie sich Vitaminecken in Großraumbüros ein.
- Auch frisches Gemüse nicht vergessen!
- Bestimmen Sie Verantwortliche, die sich um den Kauf bzw. um die Verteilung von Obst und Gemüse kümmern.
- Setzen Sie eine Tagesration von Obst/Gemüse auf Ihre Food-Agenda.

Die Bildung eines Office-Food-Expertenteams
- Ein strukturierter Aufgabenplan und eine Food-List helfen Ihnen, das Thema „bewusste Ernährung" im Büro leichter umzusetzen.
- Die gemeinsame Ernährungsumstellung erhöht die Motivation unter Kolleg/inn/en.
- Das Expertenteam organisiert die Arbeitsaufteilung unter den Kolleg/inn/en (zuständig für Brot, Zubereitung von Aufstrichen, Pressen von frischen Säften, ...). Aus vielen kleinen Teilen entsteht eine große bewusste Mahlzeit für alle Mitarbeiter/innen.

Das Outlook-Programm, ein guter Helfer
- Vereinbaren Sie Termine mit Ihrer Gesundheit!
- Tragen Sie sich jede Stunde eine Erinnerung zum Wassertrinken ein.
- Erstellen Sie einen Snack-Check mit Ihren Ernährungsschwerpunkten.
- Planen Sie mehrmals eine Sauerstoff-Pause von 2 bis 3 Minuten mit viel frischer Luft ein. Öffnen Sie die Fenster oder genießen Sie Ihren Snack im Freien!

Zwei Snack-Boxen für die ausgewogene Ernährung
- Eine Box für die Snacks
- Die zweite Box für das Mittagessen
- Beide Boxen auf die tägliche Food-Agenda abstimmen
- Achten Sie darauf, dass der Rohkostanteil dabei hoch ist – fünfmal täglich Obst und Gemüse.

Der Schreibtisch, Insel für die Kreativität
- Gestalten Sie Ihren Schreibtisch ansprechend mit frischen Farben.
- Setzen Sie klare Zeichen für gesunde Ernährung durch Bilder, verschiedene Tipps auf Spickzetteln, ...

Die Vorbereitung beginnt zu Hause
- Schreiben Sie sich eine Einkaufsliste für die ganze Woche, die auf Ihre Food-Life-Balance abgestimmt ist (ein Mal Einkaufen spart Zeit).
- Verzetteln Sie sich nicht mit aufwendigen Rezepten, lassen Sie Ihrer Kreativität freien Lauf und bleiben Sie bei der Einfachheit!
- Bereiten Sie die Speisen mehr nach Gusto und Laune zu.
- Verwenden Sie Vollwertreis, Vollwertnudeln und Hüttenkäse als Basis, um die verschiedenen Rezepte z.B. mit Gemüse, Käse und Früchten abzuwandeln.

Die wichtigsten Geräte für die schnelle Zubereitung im Büro

- 1 Dampfgargerät – zum Zubereiten von warmen Mittagsgerichten
- 1 Mixer mit Mixglas – zum Herstellen von Powerdrinks für zwischendurch
- 1 elektrischer Toaster – zum Toasten von Vollkornbroten
- 1 beschichtete Pfanne – zum Anbraten und Garen von diversen Gerichten

Key-Targets

- Setzen Sie sich klar definierte und realistische Ziele.
- Halten Sie die Ziele schriftlich fest und platzieren Sie die Key-Targets als Reminder an einer prominenten Stelle Ihres Arbeitsplatzes.

Essen und Zeit

- Versuchen Sie, sich so viel Zeit wie möglich für Ihre Essenspause zu nehmen.
- Vermeiden Sie jegliches Zeitunglesen oder Vor-dem-Bildschirm-Sitzen beim Essen.
- Wenn Sie essen, essen Sie bewusst und genießen Sie Ihre Pause.
- Lassen Sie sich auch Zeit beim Kauen – in der Ruhe liegt die Energie.

der masterplan

better
FOOD.
better
JOB.

master plan

Der Masterplan für einen gesünderen Job-Alltag

Damit Sie mit dem Masterplan effizient arbeiten und daraus auch den besten Nutzen ziehen können, vorweg noch einige Tipps zur Vorgangsweise:

1. Der 15-Tage-Masterplan soll Anstoß sein, in eine neue Ernährungsstrategie einzutauchen. Dabei handelt es sich um keine Diät, sondern um eine Optimierung der Ernährung. Sie sollen lernen, in Food-Kontingenten zu denken, um Ihre tägliche Ernährung am Arbeitsplatz stets im Blickfeld zu haben.

2. Gehen Sie anhand der Pläne wie auf den nachfolgenden Seiten beschrieben vor. Sollte ein Thema oder eine Zutat nicht Ihrem Geschmack entsprechen, dann tauschen Sie es nach Ihren Vorlieben aus. Machen Sie keinesfalls den Fehler, das Programm deswegen zu beenden.

3. Anhand der Checkboxen beim Punkt Trink-Management können Sie das Thema Trinken im wahrsten Sinne des Wortes abhaken.

4. Um den Einkauf bestmöglich verwerten zu können, empfehle ich, ein Office-Food-Expertenteam aus mindestens zwei Personen zu bilden und gemeinsam Gesundes und Leckeres in der Büroküche zu zaubern. So verwerten Sie die Zutaten bestmöglich. Arbeitsteilung ist die halbe Miete und Sie erhalten mit geringem Zeit- und Geldaufwand eine hochwertige Mahlzeit und ein motiviertes Team.

5. Gestalten Sie die vorgegebenen Ernährungsbausteine ganz individuell nach Ihrem Geschmack, Ihrem Tempo und Ihren Vorlieben – und Ihr eigener Masterplan wird erfolgreich sein. Denn der bedeutet keine radikale Umstellung, sondern hilft Ihnen dabei, sich auf Weniges, aber Wesentliches zu konzentrieren.

6. Zum leichteren Verständnis noch abschließend einige Erklärungen zu den einzelnen Punkten des Masterplans und dann können Sie loslegen!

SELF-CHECK:
Täglich eine Frage zu einem anderen Thema, die nur Sie beantworten können und gleichzeitig Denkanstoß sein soll, bewusst eine Veränderung herbeizuführen.

PIMP YOUR MIND:
Um den Spaß am Food-Management nicht zu verlieren, finden Sie täglich wertvolle Tipps, um Ihr Bewusstsein mehr und mehr zu sensibilisieren und neu zu programmieren.

SWIFT START (Snack 1):
Das Food-Kontingent auf der rechten Seite bietet Ihnen einen Vorschlag dafür: Schneller Snack ohne Zeitaufwand mit Energiegewinn.

Trink-Management:
Das wird Sie unterstützen, einen entsprechenden Trink-Rhythmus über den Tag zu erlernen. Sie werden täglich sieben Mal auf Ihrem Masterplan darauf hingewiesen werden, um Trinken zur Selbstverständlichkeit beim Arbeiten zu machen.

FAST BENEFIT (Snack 2):
Anhand des vorgegebenen Food-Kontingents auf der rechten Seite stellen Sie sich Ihren schnellen Vital-Snack im Handumdrehen selbst zusammen.

QUICK WIN (Warmer Snack):
Die optimale und nährstoffgerechte warme Mahlzeit kommt unumstritten aus dem Dampfgarer. Mit wenig Aufwand versorgen Sie Ihren Körper mit neuer Energie. Sollten Sie diese Möglichkeit nicht nutzen wollen oder können, dann sind alle warmen Snack-Rezepte so ausgerichtet, dass sie alternativ auch in der Pfanne oder im Kochtopf zubereitet werden können. Auf dem Foto finden Sie die Zutaten dazu.

FÜR DEN GEISTESBLITZ:
Getrocknete Früchte und Nüsse sind der optimale Zwischendurch-Snack fürs Gehirn und daher haben sie auf der täglichen Food-List ihren fixen Platz.

LIGHT BOOST (Trink-Snack):
Noch einmal schnell die Energie-Ressourcen optimieren und kurzfristig steigern. Halten Sie Ausschau nach dem Food-Kontingent und welche Lebensmittel Sie dazu brauchen.

TO DO:
Die Vorbereitung ist der halbe Erfolg zur nachhaltigen Ernährungsumstellung. Es erleichtert Ihnen maßgeblich den gesamten Tagesablauf und Sie werden schnell feststellen, dass das Konzept dadurch viel einfacher funktioniert.

better FOOD. better JOB.
Nahrungsmittel erfüllen lebenswichtige Aufgaben und können auch die Konzentration und Merkfähigkeit positiv beeinflussen. In dieser Rubrik finden Sie Infos zu den Top-15-Lebensmitteln der businessgerechten Ernährung.

tag eins

SELF-CHECK:
Achte ich beim Einkauf von Milch- und Milchprodukten auf den Fettgehalt?

Ihre Food-Agenda für heute

PIMP YOUR MIND:
Lebensmittel wie Käse, Milch und Joghurt sind reich an Kalzium und verbessern die Funktion der Nerven. Besonders Joghurt enthält viele Aminosäuren, die helfen, die Aufmerksamkeit und die Merkfähigkeit zu steigern.

Snack 1:
Sandwich: 1 Scheibe Vollkornbort + 1 Frühlingszwiebel + 5 Basilikumblätter + 3 EL Hüttenkäse + 1 Tomate + Salz, Pfeffer

☐ **Trink-Management: ¼ l stilles Wasser**

☐ **Trink-Management: ¼ l stilles Wasser**

Snack 2:
Fruchtquark: 1 Scheibe Ananas + 1 Rispe Trauben + 1 EL Zitronensaft + 1 TL Agavendicksaft + 1 EL geriebene Walnüsse + 3 EL Magerquark

☐ **Trink-Management: ¼ l stilles Wasser**

Warmer Snack:
1 Hühnerbrustfilet (130 g) (Streifen) + ½ Paprika (Streifen) + 1 Frühlingszwiebel (Ringe) + 1 Tomate (Spalten) mit etwas Gemüsebrühe – 15 Minuten in einer Pfanne garen oder im Dampfgarer dämpfen. Danach 2 EL Magerjoghurt + gehackte Petersilie + Salz, Pfeffer unterrühren.

☐ **Trink-Management: ¼ l stilles Wasser**

Für den Geistesblitz:
Nüsse + getrocknete Früchte nach Wahl, z.B. Paranüsse und Aprikosen

☐ **Trink-Management: ¼ l stilles Wasser**

☐ **Trink-Management: ¼ l stilles Wasser**

Trink-Snack:
1 Glas Karottensaft + Saft von 1 Orange + 1 TL Sesamöl verrühren.

☐ **Trink-Management: ¼ l stilles Wasser**

TO DO:
Legen Sie sich von fettreduziertem Naturjoghurt, Magerquark, Buttermilch, Kefir und Hüttenkäse einen Vorrat im Büro-Kühlschrank an.

Hüttenkäse: Eiweiß ohne Fett. Das kommt selten vor: in Hülsenfrüchten, in Fisch, in Geflügel und eben in mageren Milchprodukten wie Hüttenkäse. Der ideale Snack fürs Büro, um leere Eiweißtanks zu füllen. Ob herzhaft oder süß – auf alle Fälle hilfreich für Kreativität und Höchstleistung.

tag zwei

SELF-CHECK:
Trinke ich, worauf ich gerade Lust habe, und bin ich mir dessen bewusst, wie viel Zucker ich durch Limonaden zu mir nehme?

Ihre Food-Agenda für heute

PIMP YOUR MIND:
Nachdenken, planen, kreativ sein. Unser Gehirn verbraucht eine Menge Energie. So benötigt es zum Beispiel täglich etwa 180 Gramm Glukose, an anstrengenden Arbeitstagen sogar über 200 Gramm. Langkettige Kohlenhydrate sind die Energielieferanten dafür und verantwortlich für den Botenstoffaufbau. Sie sind Nerven- und Gehirnfutter, denn Ihr Denkmuskel kann Energie nur aus Glukose gewinnen. Zudem kann das Gehirn auch keine Energie speichern, sondern muss sich diese laufend aus dem Blut besorgen.

Snack 1:
Salat: 1 Handvoll Feldsalat + 2 frische Datteln + 1 Scheibe Gouda light + 1 TL Zitronensaft + 1 EL Kresse + 1 TL Leinsamenöl + 1 TL Apfelessig + Salz, Pfeffer. Dazu 1 Scheibe Vollkornbrot (getoastet).

☐ **Trink-Management: ¼ l stilles Wasser**

☐ **Trink-Management: ¼ l stilles Wasser**

Snack 2:
Obstspeise: 1 Scheibe Pumpernickel (zerbröselt) + 1 EL Rosinen + ½ Banane + 1 EL Zitronensaft + 1 TL Agavendicksaft + 1 TL geriebene Walnüsse + 1 Glas Sauermilch

☐ **Trink-Management: ¼ l stilles Wasser**

Warmer Snack:
2 Seezungenfilets + 2 TL Pesto rosso + Babyspinat einrollen, anspießen – 12 Minuten dämpfen.
Salatmix mit 1 EL saure Sahne + ½ Paprika + 1 EL Joghurt + 1 TL Zitronensaft + Salz, Pfeffer marinieren.

☐ **Trink-Management: ¼ l stilles Wasser**

Für den Geistesblitz:
Nüsse + getrocknete Früchte nach Wahl, z.B. Ananas und Haselnüsse

☐ **Trink-Management: ¼ l stilles Wasser**

☐ **Trink-Management: ¼ l stilles Wasser**

Trink-Snack:
Ins Mixglas: ½ Banane + 1 Glas Karottensaft + 1 TL Zitronensaft + 2 EL Haferflocken + 1 TL Agavendicksaft + 1 EL Bierhefeflocken – pürieren.

☐ **Trink-Management: ¼ l stilles Wasser**

TO DO:
Verzichten Sie auf weißen Zucker im Kaffee oder Tee. Schon nach zwei Tagen haben Sie eine Last weniger, nämlich die Zuckerlast in Ihrem Blut.

Agavendicksaft: Agavendicksaft ist ein natürliches Süßungsmittel mit einer sehr hohen Fruchtzuckerkonzentration. Aufgrund dieses Fruktoseanteils wirkt sich der Sirup positiv auf den Blutzuckerspiegel aus. Optimales Süßungsmittel für diverse Speisen am Arbeitsplatz. Auch für Diabetiker geeignet.

tag drei

SELF-CHECK:
Nehme ich mir genug Zeit, meine Snacks genießen zu können?

Ihre Food-Agenda für heute

PIMP YOUR MIND:
Brot liefert nicht nur Energie in Form von Stärke, sondern auch wertvolle Nährstoffe wie Mineralstoffe, Ballaststoffe und Vitamine, besonders B-Vitamine für die Konzentration und das Gedächtnis. Die Bezeichnung Vollkornbrot oder -brötchen gilt nur dann, wenn das Brot zu 90 % aus Vollkornmehl oder -schrot verarbeitet worden ist.

Snack 1:
Sandwich: 2 Scheiben Pumpernickel + Basilikumpesto + 1 Tomate + 5 Mozzarellakugeln light

☐ **Trink-Management: ¼ l stilles Wasser**

Snack 2:
Obstspeise: 3 EL Hüttenkäse + 1 TL Agavendicksaft + 1 TL Mandelblättchen + ½ Grapefruit + ½ Mango + 1 Kiwi

☐ **Trink-Management: ¼ l stilles Wasser**

Warmer Snack:
3 Kartoffeln (Spalten) + Gemüsefond (fertig im Glas) + Babyspinat dämpfen. Mit Petersilie, Koriander, Salz, Pfeffer würzen. Dazu 3 Scheiben Roastbeef.

☐ **Trink-Management: ¼ l stilles Wasser**

☐ **Trink-Management: ¼ l stilles Wasser**

Für den Geistesblitz:
Nüsse + getrocknete Früchte nach Wahl, z.B. Walnüsse und Cranberrys

☐ **Trink-Management: ¼ l stilles Wasser**

Trink-Snack:
Ins Mixglas: 1 Glas Buttermilch + ½ Avocado + 1 EL Zitronensaft + 1 Zweig Zitronenmelisse + Salz, Pfeffer – pürieren.

☐ **Trink-Management: ¼ l stilles Wasser**

TO DO:
Trinken Sie zu Vollkornprodukten immer viel Wasser: Dadurch quellen die Pflanzenfasern auf und machen dann länger satt.

Knäckebrot: Aufgrund der schonenden Herstellung und der kurzen Backzeit bleiben die lebensnotwendigen Nährstoffe im Vollkorn-Knäckebrot weitestgehend erhalten, und das macht es zum Spitzenreiter unter den Broten. Durch die hohe Nährstoffdichte nimmt es nicht nur einen günstigen Einfluss auf das Konzentrationsvermögen, sondern sorgt für ein langes Sättigungsgefühl und hält den Blutzuckerspiegel stabil.

tag vier

SELF-CHECK:
Zählt für mich die Wahl von guten Lebensmitteln zur Gesundheitsförderung?

Ihre Food-Agenda für heute

PIMP YOUR MIND:
Gemüsesäfte sind kein Getränk! Aufgrund ihres hohen Mineralstoff- sowie geringen Kaloriengehalts eignen sie sich hervorragend als Trink-Snack am Arbeitsplatz und erleichtern den täglichen Gemüsekonsum. 100 % des Gemüses finden Sie im Gemüsesaft, während im Gemüsenektar mindestens 40 % Gemüseanteil vorhanden ist, der Rest ist Wasser. Das volle Aroma entfaltet sich erst bei Zimmertemperatur, deshalb nicht direkt aus dem Kühlschrank trinken!

Snack 1:
Sandwich: 1 Scheibe Vollkornbrot + 1 TL Meerrettichpaste + 1 EL Gartenkresse + 3 Scheiben gebeizter Lachs

- [ ] **Trink-Management: ¼ l stilles Wasser**

Snack 2:
Fruchtjoghurt: 1 getrocknete Aprikose (klein geschnitten) + 2 EL Kokosraspeln + 4 EL Haferflocken + 1 TL Rosinen + 3 EL Beerenmix (tiefgekühlt) + 3 EL Magerjoghurt + 1 TL Agavendicksaft

- [ ] **Trink-Management: ¼ l stilles Wasser**

Warmer Snack:
1 Handvoll Brokkoli (tiefgekühlt) + 1 Frühlingszwiebel (Ringe) + 1 Tomate (Spalten) + Gemüsefond + 10 Gnocchi (Reformhaus) – 12 Minuten dämpfen. Dazu 1 TL Leinsamenöl + 2 TL Frischkäse light + Salz, Pfeffer + Kräuter nach Belieben. Feldsalat nach Geschmack mariniert.

- [ ] **Trink-Management: ¼ l stilles Wasser**

- [ ] **Trink-Management: ¼ l stilles Wasser**

Für den Geistesblitz:
Getrocknete Früchte + Nüsse nach Wahl, z.B. Apfelringe und Cashewnüsse

- [ ] **Trink-Management: ¼ l stilles Wasser**

Trink-Snack:
1 Glas Tomatensaft + 1 EL Zitronensaft + Salz, Pfeffer – verrühren. 1 TL Kresse dazugeben.

- [ ] **Trink-Management: ¼ l stilles Wasser**

TO DO:
Trinken Sie morgens oder tagsüber ein Glas Gemüsesaft. Der macht munter, stimmt optimistisch und hilft gegen Stress.

Tomate: Die roten Früchte machen gute Laune und sorgen somit für ein gutes Betriebsklima. Die Tomate ist kalorienarm und sorgt durch den Mineralstoff- und Spurenelementgehalt für Ausgeglichenheit bei der Arbeit. Der rote Farbstoff Lycopin, der nur in der Tomate vorkommt, verschafft ihr einen besonderen Stellenwert in der gesunden Ernährung. Bei verarbeiteten Tomatenprodukten, wie etwa Tomatensaft, steigt die Bioverfügbarkeit um ein Vielfaches im Vergleich zu rohen Früchten.

tag fünf

SELF-CHECK:
Wenn ich durch Stress Hunger verspüre, greife ich dann zum Schokoriegel?

Ihre Food-Agenda für heute

PIMP YOUR MIND:
Farbstarken Früchten und Zitrusfrüchten wird eine positive Wirkung auf die Leistungsfähigkeit nachgesagt. Sie nehmen Einfluss auf unser Gehirn und helfen Informationen schneller abzurufen. Dazu gehören Orangen, Ananas, Kiwis, Äpfel, Pfirsiche, Kirschen, Wasser- und Zuckermelonen.

Snack 1:
Sandwich: 1 Scheibe Vollkornbrot + 2 EL Magerquark + 1 EL saure Sahne + 1 TL Zitronensaft + 1 Frühlingszwiebel (Ringe) + 1 kl. Bund Schnittlauch + ¼ Paprika (Würfel) + 2 Scheiben Lachsschinken

☐ **Trink-Management: ¼ l stilles Wasser**

Snack 2:
Fruchtjoghurt: 3 EL Magerjoghurt + 1 Rippe Bitterschokolade (gerieben) + 1 rosa Grapefruit (Scheiben) + 1 TL gehackte Walnüsse + ½ Banane (Scheiben)

☐ **Trink-Management: ¼ l stilles Wasser**

Warmer Snack:
4 Hühnerbrust-Innenfilets aufspießen + Mangold (grob geschnitten) + Frühlingszwiebel (Ringe) + Paprika (Streifen) + Kümmel (ganz) – 15 Minuten dämpfen oder in einer Pfanne langsam anbraten. Die Hühnerbrustfilets mit Leinsamenöl beträufeln und in Sesamsaat wälzen. Den Mangoldsalat mit saurer Sahne verfeinern, mit Salz, Pfeffer würzen.

☐ **Trink-Management: ¼ l stilles Wasser**

☐ **Trink-Management: ¼ l stilles Wasser**

Für den Geistesblitz:
Getrocknete Früchte + Nüsse nach Wahl, z.B. Apfelringe und Haselnüsse

☐ **Trink-Management: ¼ l stilles Wasser**

Trink-Snack:
Ins Mixglas: 1 Glas Karottensaft + ½ Banane + 1 TL Leinsamenöl + 1 EL Zitronensaft – pürieren.

☐ **Trink-Management: ¼ l stilles Wasser**

TO DO:
Schneiden Sie Obst mundgerecht und platzieren Sie es griffbereit. Das erhöht den automatischen Griff um ein Vielfaches und die Vitaminzufuhr logischerweise auch.

better FOOD. better JOB.

Banane: Bananen sorgen für gute Stimmung. Der wichtige Gehirnbotenstoff Serotonin schenkt Gelassenheit und sorgt für gute Laune. Außerdem sagt man der Banane nach, dass sie klug macht. Bestimmte Mineralstoffe und Spurenelemente regen die Konzentration an und steigern auch die Denkgeschwindigkeit. Vor allem dann, wenn die Banane noch etwas grün ist und ihre wertvolle Stärke noch nicht in Frucht- und Traubenzucker abgebaut hat.

tag sechs

SELF-CHECK:
Greife ich im Meeting statt zu süßen Limonaden und Saft lieber zum Glas Wasser?

Ihre Food-Agenda für heute

PIMP YOUR MIND:
Verarbeitete Produkte aus dem Supermarktregal enthalten oftmals weniger Nährstoffe als die ursprünglichen Rohstoffe. Auch die Zugabe von künstlichen Zusatzstoffen gleicht das meist nicht aus. Nährstoffe entfalten ihre Wirkung am besten in ihrem natürlichen Zusammenhang, so wie sie in Lebensmitteln vorkommen. Fazit: Essen Sie frisch Zubereitetes!

Snack 1:
Salat: 4 EL weiße Bohnen (Dose) + 1 Frühlingszwiebel (Ringe) + 1 kl. Bund Rucola + 3 Sardellen + 1 TL Leinsamenöl + Kresse + Salz, Pfeffer + 1 TL Zitronensaft.
Dazu 2 Scheiben Knäckebrot.

☐ **Trink-Management: ¼ l stilles Wasser**

Snack 2:
2 Spalten Honigmelone + Pfeffer (frisch gemahlen) + 6 Scheiben Parmaschinken

☐ **Trink-Management: ¼ l stilles Wasser**

Warmer Snack:
1 Handvoll Tagliatelle (vorgekocht aus dem Reformhaus) + 10 Shrimps (tiefgekühlt) + 1 Tomate in Spalten + 1 EL Pesto rosso + 5 EL Gemüsefond (Glas) – 12 Minuten dämpfen oder in einer Pfanne bei niedriger Hitze garen. 1 TL Zitronensaft + 1 TL Leinsamenöl + Salz, Pfeffer + Rucola (grob geschnitten) – durchmischen und abschmecken.

☐ **Trink-Management: ¼ l stilles Wasser**

☐ **Trink-Management: ¼ l stilles Wasser**

Für den Geistesblitz:
Getrocknete Früchte + Nüsse, z.B. Pflaumen und Paranüsse

☐ **Trink-Management: ¼ l stilles Wasser**

Trink-Snack:
Ins Mixglas: 1 Glas Buttermilch + 1 Zweig Dille + 1 EL Hefeflocken – pürieren.

☐ **Trink-Management: ¼ l stilles Wasser**

TO DO:
Stecken Sie ab heute jeden Euro, den Sie für stark verarbeitete Lebensmittel am Kiosk, beim Schnellimbiss oder im Snack-Automaten ausgeben wollten, ins Sparschwein. Damit belohnen Sie sich nach erfolgreich absolvierten 15 Tagen.

better **FOOD.** better **JOB.**

Eier: Eier sind hochwertige Lebensmittel, die sämtliche Nährstoffe enthalten, um unseren Körper zu versorgen. Durch den hohen Gehalt an Aminosäuren und dem Nervenbotenstoff Lecithin helfen sie, Gedanken schneller fließen zu lassen und sich besser konzentrieren zu können. Perfekt, um den Ansprüchen am Arbeitsplatz gerecht zu werden.

tag sieben

SELF-CHECK:
Starte ich in der Kantine meine Mittagsmahlzeit mit einem Teller Salat?

Ihre Food-Agenda für heute

PIMP YOUR MIND:
Die optimale Gehirnversorgung entsteht durch gute Ernährung und Sauerstoff. Chlorophyll, das in den grünen Pflanzen vorkommt, hat dabei einen wesentlichen Stellenwert, weil es in der Lage ist, Sauerstoff im Gehirn zu speichern. Besonders Spinat, Salat, Kräuter und Sprossen sind chlorophyllhaltige Nahrungsmittel. Damit die wertvollen Inhaltsstoffe erhalten bleiben, sollten die grünen Pflänzchen frisch verwendet und nicht erhitzt werden.

Snack 1:
Sandwich: 1 Scheibe Vollkornbrot + 1 TL Tomatenmark + 1 kl. Bund Schnittlauch (geschnitten) + 1 hartgekochtes Ei + 1 TL Kresse

☐ **Trink-Management: ¼ l stilles Wasser**

Snack 2:
Salat: 1 Feige + 1 Kiwi + 1 kl. Rispe Trauben + 1 ½ cm dickes Stück Emmentaler + 3 Blätter Radicchio + 3 EL Joghurt + 1 TL Zitronensaft + Salz, Pfeffer

☐ **Trink-Management: ¼ l stilles Wasser**

Warmer Snack:
100 ml Kokosmilch + 4 Hühnerbrust-Innenfilets (Streifen) + grüne Sojabohnen (tiefgefroren) + 1 Frühlingszwiebel (Ringe) + Paprika (Streifen) + 1 geriebene Kartoffel – 15 Minuten dämpfen oder in der Pfanne bei kleiner Hitze garen. Dazu 3 EL weiße Bohnen + Radicchio (Streifen) + Salz, Pfeffer + 1 EL Bierhefeflocken + 1 EL Kresse

☐ **Trink-Management: ¼ l stilles Wasser**

☐ **Trink-Management: ¼ l stilles Wasser**

Für den Geistesblitz:
Getrocknete Früchte + Nüsse, z.B. Ananas und Haselnüsse

☐ **Trink-Management: ¼ l stilles Wasser**

Trink-Snack:
Ins Mixglas: 1 Glas Mineralwasser + 3 EL Magerjoghurt + 1 Stängel Basilikum + 1 TL Zitronensaft + Salz, Pfeffer – pürieren.

☐ **Trink-Management: ¼ l stilles Wasser**

TO DO:
Erweitern Sie Ihren Büro-Kühlschrankvorrat um einen Kasten Kresse und Sie erweitern automatisch Ihre Nährstoff- und Sauerstoffzufuhr.

better FOOD. better JOB.

Gartenkresse: Sie hat einen unschätzbaren Gesundheitswert und zählt zum frischesten Gemüse überhaupt. Gartenkresse enthält eine Nährstoffkombination, die Vitalität und Geisteskraft fördert. Damit wird sie zur frischen, alltagstauglichen Nahrungsergänzung.

tag acht

SELF-CHECK:
Nehme ich mir genug Zeit für das Frühstück und starte damit bewusst in den Tag?

Ihre Food-Agenda für heute

PIMP YOUR MIND:
Der Überbegriff Flocken wird für gequetschtes oder gewalztes Getreide verwendet. Gut dafür eignen sich Hafer, Weizen, Dinkel, Gerste, Buchweizen und Hirse. Das volle Korn wird kurz gedämpft, um es anschließend zu Flocken zu pressen. Die im Handel angebotenen Flocken werden hitzebehandelt, um sie haltbar zu machen. Dennoch sind Getreideflocken ein guter Lieferant von Ballast- und Mineralstoffen und fester Bestandteil einer gehirngerechten Ernährung.

Snack 1:
Müsli: 4 EL Haferflocken + ½ Apfel (klein geschnitten) + 4 EL Joghurt + 1 EL Agavendicksaft

☐ **Trink-Management: ¼ l stilles Wasser**

Snack 2:
Sandwich: 1 Scheibe Vollkornbrot + 3 EL Hüttenkäse + 2 Radieschen (klein geschnitten) + 1 EL Kresse + 3 Scheiben Rohschinken

☐ **Trink-Management: ¼ l stilles Wasser**

Warmer Snack:
3 kl. Seeteufelfilets auf einen Rosmarinzweig spießen + 1 TL Zitronensaft – 10 Minuten dämpfen oder in der Pfanne bei leichter Hitze braten.
Salat: Rote Bete (Glas) + 1 Frühlingszwiebel (Ringe) + Chicorée (fein geschnitten) + ½ Apfel (klein geschnitten) – vermengen und eventuell mit Salz und Pfeffer abschmecken.

☐ **Trink-Management: ¼ l stilles Wasser**

☐ **Trink-Management: ¼ l stilles Wasser**

Für den Geistesblitz:
Getrocknete Früchte + Nüsse, z.B. Kokoswürfel und Cashewnüsse

☐ **Trink-Management: ¼ l stilles Wasser**

Trink-Snack:
Ins Mixglas: ¼ Honigmelone + 125 ml Wasser + 125 ml Apfelsaft (100 %) + Saft von 1 Zitrone + 1 Zweig Zitronenmelisse – pürieren.

☐ **Trink-Management: ¼ l stilles Wasser**

TO DO:
Stellen Sie Ihr Müsli nach Ihren Vorlieben zusammen. Kombinieren Sie Getreideflocken, Trockenfrüchte und Nüsse nach Lust und Laune. Zuckerfrei und nach Ihrem Geschmack.

better **FOOD.** better **JOB.**

Haferflocken: Eine ideale Grundlage. Vor allem B-Vitamine und eine Reihe von essenziellen Aminosäuren, z.B. Tyrosin, sind Fitmacher für Körper und Geist. Hafer beeinflusst die Leistungsfähigkeit von Geist und Nerven günstig und lässt Sie entspannter auf Stressreize reagieren.

tag neun

SELF-CHECK:
Lasse ich mich leicht mit einem Stück Kuchen zu erhöhtem Zuckerkonsum verführen?

Ihre Food-Agenda für heute

PIMP YOUR MIND:
Tiefkühlgemüse ist eine gute Alternative zum Frischgemüsekonsum am Arbeitsplatz. Durch die rasche und schonende Verarbeitung bleiben die Vitamine zum Großteil erhalten. Das Gemüse wird sofort nach der Ernte eine Minute mit Wasser und Dampf erhitzt und anschließend im Schnellgefrierverfahren tiefgefroren, was die Haltbarkeit verlängert und die Keimzahl verringert. Es kann genauso eingesetzt werden wie frisches Gemüse und ist praktisch, denn es muss nicht mehr gewaschen und geputzt werden.

Snack 1:
Sandwich: 1 Scheibe Vollkornbrot + 4 EL Erbsen + 1 kl. Dose Thunfisch im eigenen Saft + 1 Frühlingszwiebel (Ringe) + 1 TL Zitronensaft + 1 TL Leinsamenöl + Salz, Pfeffer

☐ **Trink-Management: ¼ l stilles Wasser**

Snack 2:
Obstspeise: ½ Honigmelone + 2 EL Frischkäse + 2 EL Magerquark + Saft von 1 Orange

☐ **Trink-Management: ¼ l stilles Wasser**

Warmer Snack:
3 Kartoffeln (vorgekocht; Reformabteilung) + 2 Blatt Chinakohl (geschnitten) + 1 Karotte (geschnitten) + ½ Fenchel (geschnitten) – 8 Minuten dämpfen und mit Grapefruitsaft + Salz, Pfeffer würzen.
Dip für die Kartoffeln: 3 EL saure Sahne + 3 Scheiben Putenschinken (gewürfelt) + 1 EL Kresse

☐ **Trink-Management: ¼ l stilles Wasser**

☐ **Trink-Management: ¼ l stilles Wasser**

Für den Geistesblitz:
Getrocknete Früchte + Nüsse, z.B. Datteln und Haselnüsse

☐ **Trink-Management: ¼ l stilles Wasser**

Trink-Snack:
Ins Mixglas: 2 EL Haferflocken + 1 TL Hefeflocken + 1 Glas Kefir + 3 TL Himbeeren (tiefgekühlt und aufgetaut) + 1 TL Agavendicksaft – pürieren.

☐ **Trink-Management: ¼ l stilles Wasser**

TO DO:
Legen Sie Tiefkühlgemüse im Büro-Gefrierfach als Vorrat an. Schon die Gewissheit, hochwertige Lebensmittel griffbereit zu haben, erhöht die Umsetzung gesunder Ernährung.

better **FOOD.** better **JOB.**

Erbsen: Erbsen sind die idealen Quellen für Glukose, dem Treibstoff fürs Gehirn. Es gibt außerdem kaum ein Gemüse, das reicher an Eiweiß ist als Erbsen. Diese natürliche Kombination fördert das Denkvermögen und unterstützt Sie, wenn Sie lange grübeln müssen.

tag zehn

SELF-CHECK:
Trifft die Aussage „Essen schmeckt nur dann, wenn es fett ist“ auf mich zu?

Ihre Food-Agenda für heute

PIMP YOUR MIND:
Immer wieder Omega-3. Da der Körper diese essenzielle Fettsäure nicht selbst herstellen kann, sind wir darauf angewiesen, sie über die Nahrung zuzuführen. Die bekanntesten tierischen Quellen sind die Seefische FoTuHeLa (siehe unten), aber im Prinzip ist jeder Kaltwasserfisch eine ideale Quelle dafür. Omega-3-Fettsäuren sind eine Gruppe von mehrfach ungesättigten Fettsäuren, die die Kommunikation zwischen den Gehirnzellen verstärken und dadurch die Lern- und Erinnerungsfähigkeit unterstützen.

Snack 1:
2 EL Magerquark + 1 EL saure Sahne + 1 Scheibe magerer Schinken + 1 Scheibe Hartkäse + 4 Gurkenscheiben + Kresse

☐ **Trink-Management: ¼ l stilles Wasser**

Snack 2:
Fruchtjoghurt: 6 EL Joghurt + 3 EL Apfelmus (zuckerfrei) + 1 TL Zimt + 1 Scheibe Vollkorntoast (getoastet, Würfel)

☐ **Trink-Management: ¼ l stilles Wasser**

Warmer Snack:
Spieße: Tofu (Würfel) + Ingwerscheiben + gelber Paprika (Stücke) + Cocktailtomaten – 12 Minuten dämpfen oder in der Pfanne leicht braten. Mit Sojasauce marinieren. Salat: Erbsen + Mais + grüne Sojabohnen (auftauen, eventuell kurz dämpfen) + Chinakohl (geschnitten). Mit Saft von 1 Orange + 1 EL Leinsamenöl + 1 EL Apfelessig + Salz, Pfeffer + 3 EL Magerjoghurt – marinieren.

☐ **Trink-Management: ¼ l stilles Wasser**

☐ **Trink-Management: ¼ l stilles Wasser**

Für den Geistesblitz:
Getrocknete Früchte + Nüsse, z.B. Bananen und Pecanüsse

☐ **Trink-Management: ¼ l stilles Wasser**

Trink-Snack:
Ins Mixglas: 1 Glas grüner Tee + 1 TL Zitronensaft + 1 TL Agavendicksaft + ½ Banane + 1 kl. Stück Ingwer – pürieren.

☐ **Trink-Management: ¼ l stilles Wasser**

TO DO:
Merken Sie sich FoTuHeLa für Forelle, Thunfisch, Hering und Lachs. Diese Buchstaben- Kombination weißt Ihnen den Weg zur gezielten Auswahl an der Fischtheke.

better **FOOD.** better **JOB.**

Lachs: Es gibt kaum einen Fisch, der so vielfältig in der Zubereitung ist wie der Lachs: Man kann ihn kochen, dämpfen, räuchern, braten, grillen oder marinieren. Ob roh oder gegart – auf alle Fälle ein Garant für eine gehirngerechte Ernährung am Arbeitsplatz.

tag elf

SELF-CHECK:
Ist es für mich selbstverständlich, wenn ich unterwegs bin, eine Flasche Wasser mitzuführen?

Ihre Food-Agenda für heute

PIMP YOUR MIND:
Tee ist neben Wasser ein idealer Flüssigkeitsspender und kann auch in die Trinkbilanz aufgenommen werden, vorausgesetzt Sie trinken Ihren Tee ohne Zucker. Kräutertees haben je nach Geschmacksrichtung entweder eine anregende oder eine beruhigende, ausgleichende Wirkung. Schwarzer und grüner Tee hingegen enthalten wie auch Kaffee Koffein. Diese Teesorten wirken dementsprechend gegen Abgeschlagenheit und steigern Ihre Leistungsfähigkeit bei der Arbeit.

Snack 1:
Salat: 2 hartgekochte Eier + 1 Tomate + 5 Kapern + Senf + 3 EL saure Sahne + Schnittlauch + Salz, Pfeffer.
Dazu 1 Scheibe Vollkornbrot.

☐ **Trink-Management: ¼ l stilles Wasser**

Snack 2:
10 Erdbeeren + Pfeffer aus der Mühle + 1 Tasse grüner Tee + 1 Ingwerscheibe

☐ **Trink-Management: ¼ l stilles Wasser**

Warmer Snack:
1 Lachsfilet + 2 Kartoffeln (Spalten) + 1 Kohlrabi (Spalten) + 1 Karotte (Stäbe) – 15 Minuten dämpfen. Über das Gemüse: 3 EL fettreduzierter Frischkäse + 2 TL Zitronensaft + Salz, Pfeffer – abschmecken.

☐ **Trink-Management: ¼ l stilles Wasser**

☐ **Trink-Management: ¼ l stilles Wasser**

Für den Geistesblitz:
Getrocknete Früchte + Nüsse, z.B. Aprikosen und Walnüsse

☐ **Trink-Management: ¼ l stilles Wasser**

Trink-Snack:
Ins Mixglas: ½ Salatgurke (geschält und entkernt) + 2 Zweige Dille + 100 ml Gemüsefond (Glas) + 2-3 EL Joghurt + Salz, Pfeffer + 1 EL Zitronensaft + 1 kl. Stück Mango 5 kl. Feta-Würfel – pürieren. Feta-Würfel als Einlage.

☐ **Trink-Management: ¼ l stilles Wasser**

TO DO:
Bringen Sie Geschmack ins Wasserglas – mit Ingwer, Minze, Zitrone oder Tee – und kurbeln Sie Ihren Gehirn- und auch Ihren Fettstoffwechsel an.

better FOOD. better JOB.

Grüner Tee: Grüner Tee ist gut für Körper und Gehirn und dient auch als wirkungsvoller Kaffee-Ersatz. Er macht Sie wach, ohne aufzuputschen! Durch das Nichtfermentieren hat grüner Tee einen hohen Gehalt an B-Vitaminen, Mineralstoffen und ätherischen Ölen. Zusätzlich enthält er noch eine Vielzahl sekundärer Pflanzenstoffe, die als Schutzstoffe im Gehirn gute Dienste leisten.

tag zwölf

SELF-CHECK:
Woran denke ich, wenn ich das Wort Fett höre oder lese?

Ihre Food-Agenda für heute

PIMP YOUR MIND:
Pflanzenöle enthalten viele essenzielle Fettsäuren, die die Hirnzellen versorgen und das Erinnerungsvermögen stärken. Besonders hoch ist ihr Gehalt in Oliven-, Walnuss- und Leinsamenöl. Man bekommt es heiß oder kalt gepresst – wobei Sie die Kaltpressung bevorzugen sollten. Das Geheimnis von Leinsamenöl: Es hat einen sehr hohen Anteil an Alpha-Linolensäure (Omega-3-Fettsäure), wodurch es einen unschätzbaren Gesundheitswert bekommt.

Snack 1:
½ Avocado (Spalten) + 2 EL Shrimps + 1 Frühlingszwiebel (geschnitten) + 1 TL Zitronensaft + Salz, Pfeffer – marinieren. Dazu 1 Scheibe getoasteter Vollkorntoast.

☐ **Trink-Management: ¼ l stilles Wasser**

Snack 2:
Fruchtquark: 4 frische Feigen + 4 EL Magertopfen (Quark) + 3 EL Orangensaft + 3 EL gehackte Walnüsse

☐ **Trink-Management: ¼ l stilles Wasser**

Warmer Snack:
1 Handvoll Schupfnudeln (Reformhaus) + ¼ Paprika + 3 EL Erbsen + 3 Scheiben Lachsschinken + 1 cm Feta-Schnitte – in der Pfanne anbraten oder im Dampfgarer 12 Minuten dämpfen. Mit 3 EL saure Sahne + gehackte Petersilie + Salz, Pfeffer abrunden.

☐ **Trink-Management: ¼ l stilles Wasser**

☐ **Trink-Management: ¼ l stilles Wasser**

Für den Geistesblitz:
Getrocknete Früchte + Nüsse, z.B. Orangen und Cashewnüsse

☐ **Trink-Management: ¼ l stilles Wasser**

Trink-Snack:
Ins Mixglas: 1 Glas Buttermilch + 5 EL Apfelmus (ungesüßt) + 1 EL Agavendicksaft + 10 Erdbeeren – pürieren.

☐ **Trink-Management: ¼ l stilles Wasser**

TO DO:
Nehmen Sie täglich einen Esslöffel Leinsamenöl als Extraportion zu sich. Direkt ins Müsli, in den Gemüsesaft oder pur.

better FOOD. better JOB.

Avocado: Das Besondere an der Avocado ist ihr für Obst außergewöhnlich hoher Anteil an Fett. Daher nennt man sie auch Butterfrucht. Anders als Butter verfügt sie jedoch über einfach und mehrfach ungesättigte Fettsäuren und B-Vitamine. Kurzum: Die Inhaltsstoffe der Avocado machen sie zu einem Lebensmittel gegen Stress, Nervosität und für klares Denken.

tag dreizehn

SELF-CHECK:
Steht für mich der Fleischkonsum im Vordergrund oder lasse ich auch Alternativen zu?

Ihre Food-Agenda für heute

PIMP YOUR MIND:
Soja wird durch die vielfältigen Verwendungsmöglichkeiten oft als die „Wunderbohne" bezeichnet. Nahrungsmittel, die aus ganzen, biologisch angebauten Sojabohnen hergestellt werden, wie Sojamilch oder Tofu, sind reich an Aminosäuren, die sich positiv auf die Entwicklung des Gehirns auswirken. Es enthält sehr viel Eiweiß, das in Kombination mit Getreide hochwertig ist und tierisches Eiweiß ersetzen kann – egal ob als Tofu, Milch, Joghurt oder als ganze Bohne. Soja enthält keine Stärke und die Kohlenhydrate werden sehr langsam verwertet, was der Leistungsfähigkeit am Arbeitsplatz zugutekommt.

Snack 1:
Sandwich: 1 Scheibe Vollkornbrot (getoastet) + 1 EL Radieschensprossen + 6 Blätter Rucola + 1 EL Mandelsplitter + gehobelter Parmesan + Leinsamenöl + Salz, Pfeffer

☐ **Trink-Management: ¼ l stilles Wasser**

Snack 2:
Fruchtmilch: 1 Birne (Spalten) + 1 Kiwi in Scheiben + 2 EL Frischkäse + 3 EL Buttermilch + 1 EL Agavendicksaft

☐ **Trink-Management: ¼ l stilles Wasser**

Warmer Snack:
1 kl. Stück Kalbfleisch (fein geschnitten) + 1 Zwiebel (klein geschnitten) + 125 ml Gemüsefond (Glas) + 60 ml Wasser + 6 Brokkoliröschen + 1 kleine Chilischote + 1 TL Zitronensaft + 1 Stangensellerie (geschnitten) + 1 Karotte (geschnitten) + Petersilie – 15 Minuten dämpfen oder Fleisch anbraten und mit den restlichen Zutaten in der Pfanne garen. Mit Salz, Pfeffer und Parmesan abschmecken.

☐ **Trink-Management: ¼ l stilles Wasser**

☐ **Trink-Management: ¼ l stilles Wasser**

Für den Geistesblitz:
Getrocknete Früchte + Nüsse, z.B. Ananas und Paranüsse

☐ **Trink-Management: ¼ l stilles Wasser**

Trink-Snack:
Ins Mixglas: 1 Glas Karottensaft + 1 Spalte Papaya + 1 Zweig Zitronenmelisse – pürieren.

☐ **Trink-Management: ¼ l stilles Wasser**

TO DO:
Motivieren Sie Kollegen und Kolleginnen. Die gemeinsame Ernährungsumstellung erhöht das Durchhaltevermögen und steigert das Betriebsklima.

Sojabohnen: Sojabohnen sind reich an wertvollen Eiweißbausteinen (Aminosäuren), die der Körper für die Bildung von Neurotransmittern benötigt. Außerdem sind sie reich an günstigen Fettsäuren und Lecithin, einem vitaminähnlichen Stoff, der für den Gehirnstoffwechsel und die Gedächtnisleistung Vorteile bringt.

tag vierzehn

SELF-CHECK:
Würze ich Gerichte am Teller nach, bevor ich sie überhaupt probiert habe?

Ihre Food-Agenda für heute

PIMP YOUR MIND:
Die Hefe ist ein altbekanntes Naturprodukt. Hopfen, Wasser und Malz dienen der Bierhefe beim Bierbrauen als idealer Nährboden. Bei diesem Prozess saugt die Bierhefe wie ein Schwamm wichtige Nährstoffe auf und schließt sie in sich ein: Lebenswichtige Mineralstoffe, Spurenelemente und Vitamine, vor allem B-Vitamine in hoher Konzentration.

Snack 1:
1 Salatherz + 1 Stück Räucherforelle + 4 Oliven + 1 Tomate + 1 EL Leinsamenöl + 1 TL Meerrettichpaste + Salz, Pfeffer. Dazu 2 Scheiben Vollkorn-Knäckebrot.

☐ **Trink-Management: ¼ l stilles Wasser**

Snack 2:
½ Papaya + 3 EL Hüttenkäse + 1 EL Agavendicksaft + 1 Stängel gehackte Minze + 1 EL gehackte Walnüsse

☐ **Trink-Management: ¼ l stilles Wasser**

Warmer Snack:
1 Handvoll Tortellini mit Spinatfüllung (Reformhaus) + 2 getrocknete Tomaten (Würfel) – dämpfen.
1 kl. Bund Rucola + Salz, Pfeffer + 1 EL Leinsamenöl + 1 EL Parmesan zum Verfeinern.

☐ **Trink-Management: ¼ l stilles Wasser**

☐ **Trink-Management: ¼ l stilles Wasser**

Für den Geistesblitz:
Getrocknete Früchte + Nüsse, z.B. Apfelringe und Walnüsse

☐ **Trink-Management: ¼ l stilles Wasser**

Trink-Snack:
Ins Mixglas: 1 Glas Kefir + 4 EL Blaubeeren (tiefgekühlt) + 1 EL Agavendicksaft + 1 EL Bierhefeflocken – pürieren.

☐ **Trink-Management: ¼ l stilles Wasser**

TO DO:
Sparen Sie Salz und würzen Sie Salat, Gemüsegerichte und Säfte mit Hefeflocken. Und als Extraportion einen Esslöffel täglich ins Morgenmüsli oder pur.

better **FOOD.** better **JOB.**

Bierhefeflocken: Einfacher als mit Hefe kommen Sie nicht an alle wichtigen B-Vitamine und an eine gehörige Portion Eiweiß ohne Fett. Sowohl die Vitamine als auch das Protein sorgen für gute Nerven und schnelles Denken. Dazu kommt noch, dass der zusätzliche Gehalt an wichtigen Mineralstoffen und Spurenelementen in der Hefe die Denkvorgänge positiv beeinflusst.

tag fünfzehn

SELF-CHECK:
Bin ich es mir wert, täglich 20 Minuten mehr Zeit zu investieren, um Snacks vorzubereiten?

Ihre Food-Agenda für heute

PIMP YOUR MIND:
Buttermilch ist ein Nahrungsmittel und kein Getränk! Bei der Herstellung von Butter wird die Milchflüssigkeit mit Milchsäurebakterien versetzt und so das wohlschmeckende, leicht säuerliche und dickflüssige Milchgetränk hergestellt. Man schätzt Buttermilch heute als gesundes, vielseitig verwendbares Multitalent unter den Milchprodukten. Buttermilch enthält wenig Fett, maximal 1 %, und kann leichter verdaut werden als normale Milch. Gerade bei hohen Temperaturen spendet Buttermilch tolle Erfrischung, weil es die Hitze im Körper reduziert. Trinken Sie im Sommer Buttermilch mit einer Prise Salz.

Snack 1:
Rührei: 1 EL Sojabohnen (tiefgekühlt und aufgetaut) + 1 Tomate (Würfel) + 1 TL Tomatenmark + 1 TL gehackte Petersilie + 2 Eier versprudeln und braten.
Mit 1 EL Kresse garnieren, dazu 2 Scheiben Vollkornbrot.

☐ **Trink-Management: ¼ l stilles Wasser**

Snack 2:
Müsli: 1 EL Mandelsplitter + 4 EL Haferflocken + 1 EL Bierhefeflocken + 3 getrocknete Pflaumen (Würfel) + ½ Banane + 1 Zweig Minze (gehackt) + 125 ml Buttermilch

☐ **Trink-Management: ¼ l stilles Wasser**

Warmer Snack:
4 Hühnerbrust-Innenfilets + 5 Stangen grüner Spargel (geschält und 2 x durchgeschnitten) + 1 Apfel (Spalten) + 1 Fenchelknolle in Scheiben – 15 Minuten dämpfen. 1 EL Leinsamenöl + 1 EL Koriander (gehackt) + 3 EL Frischkäse + 1 TL Zitronensaft zum Abschmecken.

☐ **Trink-Management: ¼ l stilles Wasser**

☐ **Trink-Management: ¼ l stilles Wasser**

Für den Geistesblitz:
Getrocknete Früchte + Nüsse z.B., Pflaumen und Haselnüsse

☐ **Trink-Management: ¼ l stilles Wasser**

Trink Snack:
Ins Mixglas: 1 Glas Buttermilch + Saft von 2 Orangen + ½ Banane + 1 TL Zimt – pürieren.

☐ **Trink-Management: ¼ l stilles Wasser**

TO DO:
Bleiben Sie dran und planen Sie heute Ihre nächsten 15 Tage. Platzieren Sie dazu hilfreiche Reminder an einer prominenten Stelle Ihres Arbeitsplatzes oder als Eintrag in Ihrem Terminkalender.

better FOOD. better JOB.

Buttermilch: Ob Vitamin B12, Kalzium, Eiweiß oder Lecithin – Buttermilch ist ein wahrer Gesundbrunnen, der randvoll gefüllt ist mit vielen wichtigen Nährstoffen, und enthält im Vergleich zu Vollmilch die doppelte Menge Lecithin, das als Nervennahrung und zur Verbesserung der Gehirnfunktion dient.

better
FOOD.
better
JOB.